시대별 철학자 관점으로
AI 시대
인간을 다시 사유하다

이근재 _ AI연구자

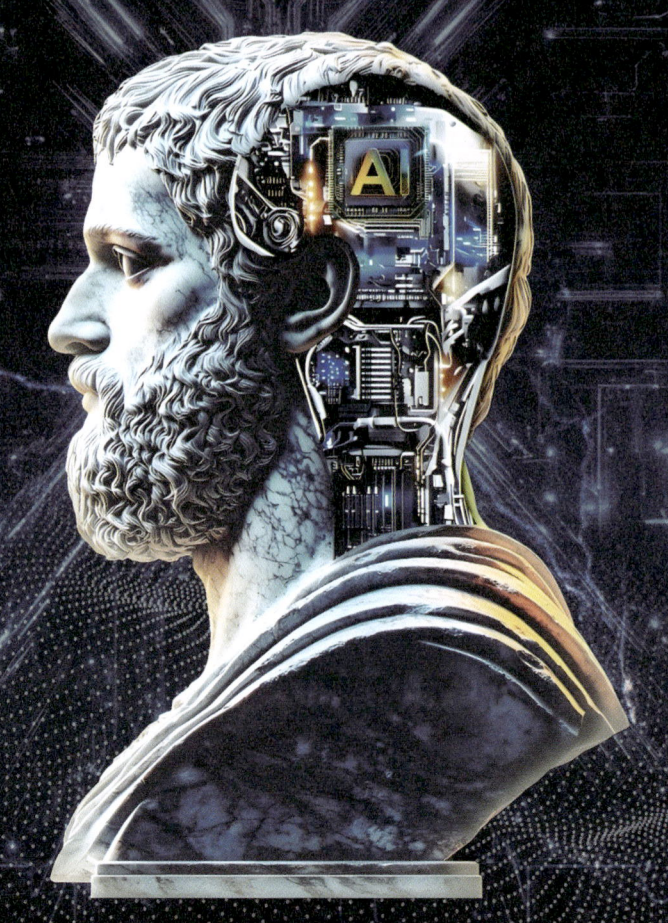

유원북스

프롤로그

AI의 시대, 인간을 다시 묻다

인류는 언제나 도구를 만들며 자신을 규정해 왔습니다. 불과 바퀴, 문자와 기계, 증기기관과 컴퓨터를 거쳐 오늘 우리는 인공지능(AI)이라는 또 하나의 거울 앞에 서 있습니다. 이 거울은 단순히 우리 모습을 비추는 장치가 아닙니다. 그것은 우리의 지성과 윤리, 사회와 문명을 새롭게 설계하라고 요구하는 사유의 촉발자입니다.

AI는 계산 능력을 넘어 인간의 언어를 이해하고, 음악과 그림을 창작하며, 때로는 인간 대신 의사결정을 내리기까지 합니다. 이제 우리는 묻게 됩니다. 인간은 여전히 기술을 주도하는 존재인가, 아니면 기술과 함께 진화하며 관계 속에서 재정의되는 존재인가? 이 질문은 더 이상 철학자들의 서재에만 머무르지 않습니다. 정책 결정자, 기업 리더, 연구자, 시민 모두가 답을 찾아야 하는 시대입니다.

이 책은 소크라테스, 공자, 칸트, 니체, 하이데거, 푸코 등 동서양의 철학자들을 다시 불러내어, IT와 AI가 던지는 질문을 깊이 있게 탐구합니다.

- 플라톤의 이데아는 오늘날 클라우드 데이터와 모델 세계를 어떻게 해석할까요?

- 칸트의 이성 철학은 AI의 자율성과 책임을 어디까지 허용할까요?
- 니체의 초인 사상은 기술의 창조적 잠재력과 어떤 긴장을 이룰까요?
- 공자와 노자, 불교의 연기론은 초연결 사회에서 관계의 본질을 어떻게 재조명할까요?

철학은 기술의 진보를 이해하는 틀을 제공하고, 기술은 철학이 제시한 인간상과 사회상을 실험대에 올립니다. 이 책은 이 두 축의 긴장을 통해 AI 시대의 본질을 해석하고, 미래를 준비하기 위한 철학적 좌표를 제시하고자 합니다.

저는 이 책을 단순한 기술 해설서나 이론서로 쓰지 않았습니다. 대신, 독자가 각 장에서 철학적 사유와 실제 기술 사례를 오가며 오늘의 자리를 성찰하고 미래를 설계하는 지적 여정을 경험하길 바랐습니다. 기술과 경제, 협업과 혁신을 이끄는 리더들이 강조하듯, 오늘날 필요한 것은 효율성을 넘어선 인간 중심의 책임 있는 설계와 가치 창조입니다. 철학은 더 이상 선택이 아니라 필수이며, 지금이야말로 그 사유가 재가동되어야 할 때입니다.

이 책이 독자 여러분께 빠르게 변하는 시대를 읽는 깊은 눈과, 기술의 거대한 파도 속에서도 인간답게, 인간으로서 살아가기 위한 사유의 힘을 선사하길 바랍니다. 특히 늘 통찰과 영감을 제시해주시는 윤은기 회장님, 데이터를 통한 AI시대를 이끌고 계신 양재수 원장님, 이 책의 총괄 디렉팅을 해주신 서초CEO아카데미 및 영락회 황병준 회장님, 출판에 열정을 다 해주신 유원북스의 이구만 대표님, 그리고 전자신문사께도 깊이 감사드립니다.

Charlie, 2025년 가을 : **이근재**

추천사

"철학과 AI, 협업의 새로운 언어를 열다."

저는 지난 십여년간 협업을 연구하고 강의해 왔습니다. 인간이든 기업이든 모든 생명체는 혼자의 힘만으로는 큰 성과를 이루어 낼 수 없습니다. 서로 강점끼리 연결하고 약점을 보완할 때만 발전하고 지속가능합니다. 협업은 기술 이전에 상생의 철학입니다.

《시대별 철학자 관점으로 AI시대 인간을 다시 사유하다》는 단지 AI의 기술적 혁신을 설명하는 책이 아닙니다. 이 책은 소크라테스부터 니체, 공자에서 푸코까지 이어지는 철학자들의 통찰을 토대로 기술과 인간의 관계를 다시 정의하고 협업의 본질을 성찰하게 만듭니다.

AI는 인간을 대체하는 기술이 아니라 인간의 역량을 증폭하고 협력방식 자체를 혁신하는 기회입니다. 이 기회의 성공 여부는 인간의 본질과 사회적 책임, 사회적 기술을 새롭게 정립하는 철학에 달려있습니다.

이제는 인간끼리의 협업을 넘어 '인간×AI' 새로운 협업시대가 열리고 있습니다. 먼저 인간을 더 깊이 알아야 더 좋은 세상을 열어갈 수 있습니다. 저자는 이 책을 통해 AI와 함께하는 상생과 혁신의 길을 알려주고 있습니다. 새로운 문명을 준비하는 개인뿐만 아니라 기업, 공공기관 리더들에게 귀중한 나침반이 될 것을 확신합니다.

윤은기 경영학박사
한국협업발전포럼 회장
중앙공무원교육원장(24대)

추 천 사

"데이터와 철학이 만나는 자리에서 미래가 시작됩니다."

데이터는 21세기의 새로운 자원이며, AI는 이 자원을 통해 세상을 다시 쓰고 있습니다. 하지만 기술과 데이터가 아무리 발전하더라도 그것을 어떻게 활용하고 어떤 가치를 창출할지는 인간의 사유와 철학적 성찰에 달려 있습니다.

《시대별 철학자 관점으로 AI시대 인간을 다시 사유하다》는 바로 이 지점에서 빛나는 책입니다. 동서양 철학자들의 사유를 통해 AI와 데이터 산업이 던지는 질문을 분석하며, 기술 중심 사회에서 놓치기 쉬운 인간 중심적 가치와 책임 있는 혁신의 방향을 제시합니다.

저자는 AI를 단순한 기술이 아니라 인류의 사고방식과 사회 구조를 바꾸는 패러다임으로 바라봅니다. 이 책은 데이터 산업 관계자, 정책 입안자, 기업 리더, 연구자 모두가 기술의 본질을 재인식하고 미래를 준비할 수 있는 통찰을 제공합니다.

데이터는 수치와 정보로만 존재하지 않습니다. 그것은 사람의 삶과 가치가 축적된 흔적이며, AI는 그 데이터로 미래를 설계합니다. 철학은 그 설계가 인간다운 방향으로 나아가도록 이끄는 나침반입니다.

저는 이 책이 데이터 산업계와 기술 종사자, 그리고 이 시대를 살아가는 모든 이들에게 철학과 기술의 균형 있는 시선을 선물하길 기대합니다. AI 시대를 준비하는 모든 길목에 이 책을 추천합니다.

양재수 한국데이터산업진흥원 원장

차 례

프롤로그 3
추천사 5

시대별 철학자 관점으로 본 IT와 AI 시대 해석 11

소크라테스: "너 자신을 알라"와 AI 13
플라톤: 동굴의 비유와 디지털 세계
아리스토텔레스: 경험주의와 AI 학습
아우구스티누스: 디지털 기억과 영혼의 성찰
토마스 아퀴나스: 존재의 위계와 AI의 위치
데카르트: "나는 생각한다, 고로 존재한다"와 AI 의식
스피노자: 일원론과 AI의 결정론적 세계
로크: 경험론과 AI의 학습 방식
칸트: 정언명령과 AI 윤리
헤겔: 변증법과 기술 발전의 역사
마르크스: 데이터 자본주의와 디지털 소외
니체: 초인과 AI 시대의 가치 창조
프로이트: 디지털 무의식과 기술 중독
하이데거: 기술의 본질과 존재의 망각 26
비트겐슈타인: 언어 게임과 AI의 언어 이해
사르트르: 실존주의와 알고리즘 결정론
푸코: 디지털 파놉티콘과 감시 권력
보드리야르: 시뮬라크르와 디지털 하이퍼리얼리티
한병철: 투명성 사회와 디지털 피로
닉 보스트롬: 초지능과 실존적 위험
철학적 질문 1: 존재론적 문제
철학적 질문 2: 인식론적 문제
철학적 질문 3: 윤리적 문제
철학적 질문 4: 정치·사회적 문제
철학적 질문 5: 실존적 문제
소크라테스의 AI 대화법
플라톤의 이데아론과 디지털 세계
아리스토텔레스: AI의 목적과 덕
아우구스티누스: 디지털 시간과 영원 41

토마스 아퀴나스: 자연법과 AI 윤리 42
데카르트: 코기토와 AI의 자기의식
스피노자: 일원론적 우주와 AI
로크: 경험론과 AI 학습
칸트: 정언명령과 AI 윤리
헤겔: 변증법과 기술 발전의 역사
마르크스: 디지털 자본주의와 데이터 노동
니체: 초인과 AI 시대의 가치 창조
프로이트: 디지털 무의식과 기술 중독
하이데거: 기술의 본질과 존재의 망각
비트겐슈타인: 언어 게임과 AI의 언어 이해
사르트르: 실존주의와 알고리즘 결정론
푸코: 디지털 파놉티콘과 생명정치
보드리야르: 시뮬라크르와 디지털 하이퍼리얼리티
한병철: 투명성 사회와 디지털 피로 56
닉 보스트롬: 초지능과 실존적 위험
소크라테스와 AI의 대화: 지식과 지혜
플라톤의 동굴과 디지털 현실
아리스토텔레스의 덕 윤리학과 AI
데카르트의 방법적 회의와 AI 신뢰성
칸트의 정언명령과 AI 윤리 원칙
헤겔의 변증법과 인간-AI 관계의 발전
마르크스: 디지털 생산수단과 데이터 노동
니체: 초인과 기술 시대의 가치 창조
하이데거: 기술의 본질과 존재의 망각
푸코: 디지털 권력과 주체의 형성
보드리야르: 디지털 시뮬라크르와 실재의 소멸
사르트르: 디지털 시대의 실존적 선택
한병철: 투명성 사회와 피로의 주체
철학적 통찰로 AI 시대를 탐색하기 71

AI와 인간: 개념 정리와 구조적 해석   73

인간과 AI: 의식의 차이   75
자유의지: 선택과 책임
감정의 세계
경험과 학습의 차이
표현의 방식
윤리적 판단
인간과 AI의 구성 요소 비교: 감각
인간과 AI의 구성 요소 비교: 인지
인간과 AI의 구성 요소 비교: 운동
인간과 AI의 구성 요소 비교: 언어
인간과 AI의 구성 요소 비교: 기억
인간과 AI의 구성 요소 비교: 윤리
인간과 AI의 미래 전망   87
멀티모달 AI: 개념 정의
멀티모달 AI의 구조적 이해: 텍스트
멀티모달 AI의 구조적 이해: 이미지
멀티모달 AI의 구조적 이해: 음성
멀티모달 AI의 구조적 이해: 영상
멀티모달 AI의 구조적 이해: 센서
멀티모달 AI의 응용: 창작 분야
멀티모달 AI의 응용: 교육 분야
멀티모달 AI의 응용: 헬스케어
멀티모달 AI의 응용: 로봇 제어
멀티모달 AI의 미래 전망
피지컬 AI: 개념 정의   99

피지컬 AI의 구조 해석: 감각 층위   100
피지컬 AI의 구조 해석: 인지 층위
피지컬 AI의 구조 해석: 운동 층위
피지컬 AI의 구조 해석: 표현 층위
피지컬 AI의 구조 해석: 상호작용 층위
피지컬 AI의 예술적 응용: 감정 기반 무용 생성
피지컬 AI의 예술적 응용: 인터랙티브 공연
피지컬 AI의 예술적 응용: 몸짓 언어
피지컬 AI의 미래 전망: 몸으로 소통하는 시대
피지컬 AI의 미래 전망: 창조적 AI 예술가
종합 정리: AI vs 인간 - 현재
종합 정리: AI vs 인간 - 미래
종합 정리: 멀티모달 AI - 현재   112
종합 정리: 멀티모달 AI - 미래
종합 정리: 피지컬 AI - 현재
종합 정리: 피지컬 AI - 미래
종합 정리: 인간의 고유성 - 현재
종합 정리: 인간의 고유성 - 미래
결론: AI 진화의 새로운 방향
AI와 인간의 공존: 교육적 측면
AI와 인간의 공존: 예술적 측면
AI와 인간의 공존: 윤리적 과제
미래 연구 방향
마무리: 인간과 AI의 공진화   123

다양한 관점에서 바라본 AI 시대

목차　　　　　　　　　　　　127
학문적 관점: 경제학자의 해석
경제학자가 바라보는 AI의 기회와 도전
학문적 관점: 경영학자의 해석
경영학자가 강조하는 AI 시대의 핵심 과제
학문적 관점: 정치학자의 해석
정치학자가 제기하는 AI와 권력의 문제
정치학자가 바라보는 AI와 정치의 미래
학문적 관점: 헌법학자의 해석
헌법학자가 주목하는 AI 시대의 핵심 문제
AI 시대에 등장하는 새로운 헌법적 권리
헌법학자의 근본적 질문: 헌법은 누구를 위한 것인가?
학문적 관점: 역사학자의 해석　　　139
역사학자가 우려하는 AI 시대의 역사 인식 변화
역사학자의 AI 시대 기록 사명
학문적 관점: 사회학자의 해석
사회학자가 관찰하는 AI의 사회적 영향
학문적 관점: 인문학자의 해석
인문학자가 탐구하는 AI와 인간의 경계
인문학자가 제시하는 AI 시대의 핵심 가치
과학 기술적 관점: 과학자의 해석
과학자가 기대하는 AI의 과학적 혁신
과학 기술적 관점: 천문학자의 해석
천문학자가 활용하는 AI의 주요 영역
천문학자의 AI 활용 사례
과학 기술적 관점: 수학자의 해석
수학자가 보는 AI와 수학의 관계
수학자가 주목하는 AI 시대의 수학교육
산업적 관점: 대기업의 해석　　　156

대기업의 AI 관점과 행동　　　　157
대기업의 AI 기회 해석
산업적 관점: 중소기업의 해석
중소기업의 AI 관점과 행동
중소기업의 AI 기회 해석
산업적 관점: 자영업자의 해석
자영업자의 AI 관점과 행동
자영업자의 AI 기회 해석
실용적 관점: 영농학자의 해석
영농학자가 바라보는 AI 농업의 가능성
실용적 관점: 수산학자의 해석
수산학자가 활용하는 AI 기술
수산학자가 전망하는 AI 시대의 해양연구
실용적 관점: 예술·문화학자의 해석　169
예술·문화학자가 탐구하는 AI와 예술의 관계
예술·문화학자가 제기하는 질문들
실용적 관점: 체육학 박사의 해석
체육학자가 활용하는 AI 기술
체육학자가 바라보는 AI 스포츠의 미래
실용적 관점: 요리학자의 해석
요리학자가 활용하는 AI 기술
요리학자가 탐구하는 AI와 음식의 미래
실용적 관점: 의상학자의 해석
의상학자가 활용하는 AI 기술
의상학자가 전망하는 AI 패션의 미래
종합: 다양한 관점에서 본 AI의 공통 주제
AI 시대의 핵심 질문들
관점의 다양성이 중요한 이유
AI 시대를 위한 균형 잡힌 접근
AI 시대를 위한 우리의 선택　　　185

AI 시대, 어떻게 살아남을까? 187

인공지능 시대의 불안감 189
인간만의 고유한 강점
큐레이션(Curation)의 힘
큐레이션 실천 사례
큐레이션 역량 키우기
호기심 (Curiosity)의 중요성
호기심이 이끄는 혁신 사례
호기심 역량 키우기
연결(Connectivity)의 가치
연결이 만든 혁신 사례
연결 역량 키우기 199
인간 고유의 강점: 세 가지 C의 시너지
AI와 협력하는 미래
AI와 협력하는 직업의 미래
AI 시대의 교육 혁신
AI 시대를 위한 교육 방향
AI 시대의 기업 혁신 205

혁신적인 기업 문화 사례 206
개인의 AI 시대 준비 전략
AI 시대의 심리적 웰빙
AI 시대의 심리적 웰빙을 위한 실천법
AI 윤리와 인간 가치
인간 중심 AI의 원칙
AI 시대의 기회: 사회문제 해결
AI를 활용한 사회문제 해결 사례
AI 시대의 정책적 방향
AI 시대의 리더십
AI 시대 리더의 핵심 역량 216
개인 성공 사례: AI와 함께 성장하기
AI 시대 직업 전환 성공 전략
AI 시대 부모의 역할
자녀의 AI 시대 준비를 위한 조언
AI 시대, 우리의 선택
함께 만드는 AI 시대 222

AI Korea Renaissance: Rethinking Humanity in the Age of AI 223

NSSAM: Pioneering Human-Centered AI Innovation
Preparing Every Generation for AI Transformation

Philosophical Foundations: East Meets West
Leadership for Human-AI Coexistence

에필로그 229

인류 역사를 통해 발전해온 철학적 사상들은 현대 기술 사회의 도전과 기회를 이해하는 데 중요한 통찰을 제공합니다. 고대 그리스 철학자부터 현대 사상가까지, 각 시대의 철학적 관점은 AI와 디지털 기술이 가져온 존재론적, 인식론적, 윤리적 질문들을 새롭게 조명합니다.

이 책에서는 주요 철학자들의 핵심 사상을 살펴보고, 그들이 오늘날의 IT와 AI 시대를 어떻게 해석했을지 탐구합니다. 이를 통해 기술의 맹목적 수용이나 거부가 아닌, 비판적이고 반성적인 태도로 AI 시대를 이해하는 데 도움이 되는 철학적 렌즈를 제공하고자 합니다.

NSSAM. AI : 연구자 이근재

소크라테스: "너 자신을 알라"와 AI

❓ 비판적 사고의 중요성
AI가 제공하는 정보가 진정한 지식인지 단순한 데이터 처리인지 구별하는 비판적 사고의 중요성을 강조할 것입니다.

💬 변증법적 대화의 한계
AI는 방대한 데이터를 학습하지만, 스스로 질문을 던지고, 반성하고, 진정한 지혜를 추구하는 능력이 있는가에 대한 의문을 제기합니다.

✳ 검증되지 않은 정보의 위험
"검증되지 않은 정보는 가치가 없다"는 소크라테스적 의심이 디지털 시대에 더욱 중요해졌습니다. 정보의 홍수 속에서 진실을 분별하는 능력이 필수적입니다.

플라톤: 동굴의 비유와 디지털 세계

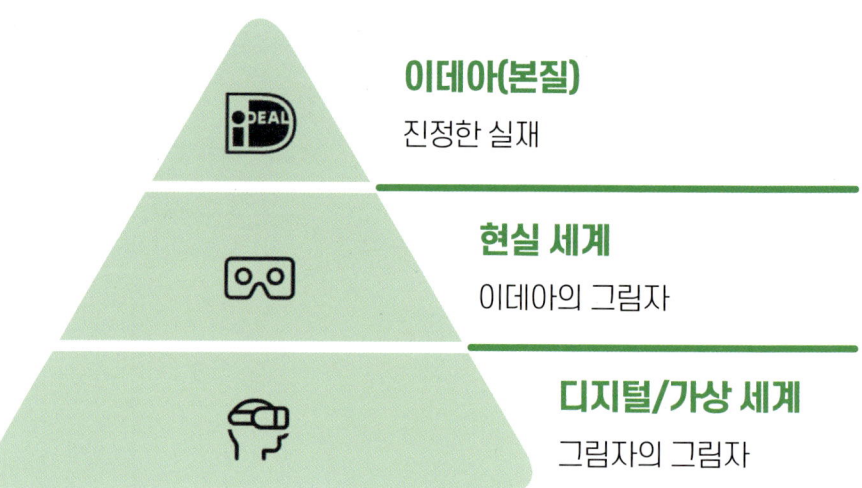

플라톤의 관점에서 디지털 세계와 가상현실은 '동굴 속 그림자'에 비유할 수 있습니다. 현실 세계 자체가 이데아의 그림자인데, VR이나 메타버스는 '그림자의 그림자'로 진리에서 더 멀어지는 위험이 있습니다. 반면 AI가 데이터에서 추출하는 패턴은 이데아(보편적 본질)에 접근하는 방식으로 볼 수도 있습니다.

AI가 탐지하는 패턴은 진정한 이데아(본질)인가, 아니면 데이터의 그림자에 불과한가? 이는 플라톤이 제기했을 핵심 질문일 것입니다.

아리스토텔레스: 경험주의와 AI 학습

형상과 질료 이론
데이터(질료)에서 패턴(형상)을 추출하는 AI의 방식은 아리스토텔레스의 형상-질료 이론과 연결됩니다. AI는 무형의 데이터에서 의미 있는 형태와 패턴을 찾아내는 과정을 수행합니다.

귀납적 방법론
AI의 머신러닝은 경험을 통해 형태와 패턴을 학습한다는 점에서 아리스토텔레스의 귀납적 방법론과 유사합니다. 개별 사례들로부터 일반적 원리를 도출하는 과정이 AI 학습의 핵심입니다.

목적론적 관점
AI 알고리즘이 목적을 가지고 설계된다는 점에서 아리스토텔레스의 목적론과 관련됩니다. 모든 존재는 특정 목적을 향해 움직인다는 그의 관점은 목적 지향적 AI 설계와 연결됩니다.

아우구스티누스: 디지털 기억과 영혼의 성찰

기계적 기억 vs 인간적 기억

디지털 기록은 완벽한 기억을 제공하지만, 그것이 인간 영혼의 내적 성찰을 대체할 수 있는가? 아우구스티누스는 기계적 기억(데이터베이스)과 생생한 인간적 기억(경험)의 근본적 차이를 강조할 것입니다.

시간의 주관성

AI가 제공하는 '객관적' 분석이 인간의 주관적 시간 경험과 신앙적 차원을 포괄할 수 있는지 의문을 제기합니다. 아우구스티누스에게 시간은 영혼의 확장이었으며, 이는 기계적 시간 개념과 다릅니다.

신앙과 기술의 관계

아우구스티누스는 기술 발전이 신앙의 영역을 침범하거나 대체하는 것이 아니라, 신의 창조 질서 안에서 조화롭게 발전해야 한다고 볼 것입니다. 기술은 영적 성장의 도구가 될 수 있을까요?

토마스 아퀴나스: 존재의 위계와 AI의 위치

신적 존재
완전한 지성과 의지

인간 존재
이성과 영혼을 가진 존재

AI와 기계
영혼 없는 도구적 존재

토마스 아퀴나스의 관점에서 AI는 신이 인간에게 부여한 이성의 확장으로 볼 수 있으나, 영혼이 없는 기계는 존재의 위계에서 하위에 위치합니다. 인간의 지성과 AI의 연산 능력은 근본적으로 다른 차원의 것임을 강조할 것입니다.

아퀴나스는 기술 발전이 신의 섭리와 자연법에 부합하는지 윤리적 검토가 필요하다고 보며, AI에 대한 의존이 신과의 관계를 대체하는 우상숭배가 될 가능성에 대해 경고할 것입니다.

데카르트: "나는 생각한다, 고로 존재한다"와 AI 의식

- **방법적 회의** 모든 것을 의심하는 능력
- **자기 의식** "나는 생각한다, 고로 존재한다"
- **심신이원론** 정신과 물질의 근본적 차이
- **확실한 지식의 추구** 명석판명한 인식의 기준

데카르트의 관점에서 AI는 "생각하는" 것처럼 보이지만, 자기의식과 진정한 회의 능력이 있는지 의문을 제기할 것입니다. 심신이원론 관점에서 AI는 물질적 차원에만 존재하므로 정신적 차원의 경험이 불가능하다고 볼 것입니다.

인간의 이성과 기계의 연산 능력 사이의 본질적 차이를 강조하며, 디지털 세계에서도 확실한 지식의 기준을 설정하는 방법론적 접근이 필요하다고 주장할 것입니다.

스피노자: 일원론과 AI의 결정론적 세계

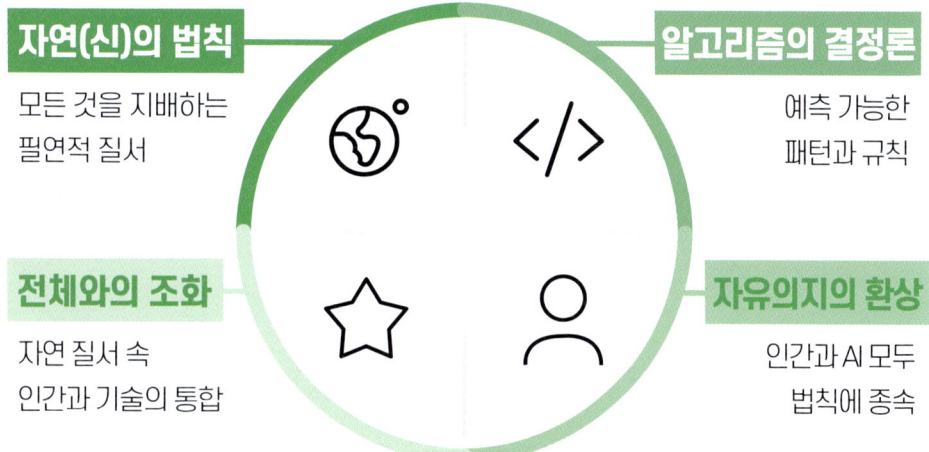

스피노자의 관점에서 AI의 결정론적 작동 방식은 그의 세계관과 일치합니다. 인간이 알고리즘에 의해 조종되는 현상은 자유의지가 환상임을 입증하는 예시로 볼 수 있습니다.

스피노자는 AI와 인간이 동일한 자연법칙(코드와 생물학적 알고리즘)에 의해 움직이는 실체의 서로 다른 양태라고 해석할 것입니다. 디지털 감시와 AI 예측은 인간 행동의 필연적 패턴을 보여주는 증거로 간주될 수 있습니다.

로크: 경험론과 AI의 학습 방식

1 백지상태 (Tabula Rasa)
초기 알고리즘과 빈 데이터베이스

2 경험 입력
데이터 수집과 학습 과정

3 지식 형성
패턴 인식과 모델 구축

4 복잡한 사고
추론과 예측 능력 발전

로크의 관점에서 AI의 기계학습은 그의 경험론적 지식 획득 과정을 모방합니다. 백지상태(초기 알고리즘)에 다양한 경험(데이터)을 입력하여 지식(모델)을 형성하는 과정은 로크의 인식론과 유사합니다.

그러나 로크는 감각 경험에 의존하는 AI가 추상적, 도덕적 개념을 진정으로 이해할 수 있는지 의문을 제기할 것입니다. 또한 디지털 환경에서 개인의 자유와 재산(데이터 프라이버시)을 보호하기 위한 새로운 사회계약이 필요하다고 주장할 것입니다.

칸트: 정언명령과 AI 윤리

현상계와 물자체
칸트에 따르면 AI는 현상계(데이터, 패턴)만 접근 가능하고, 물자체(본질적 실재)는 인식 불가능합니다. AI는 세계의 표면적 패턴만 파악할 뿐, 그 근본적 본질에는 도달할 수 없습니다.

정언명령
칸트의 정언명령 "인간을 목적으로 대하고 수단으로 삼지 말라"는 AI 윤리의 기본 원칙이 될 수 있습니다. AI가 인간을 단순한 데이터나 도구로 취급하는 위험을 경계해야 합니다.

인간의 존엄성
칸트는 인간의 자율성과 존엄성을 보존하는 AI 윤리 체계 구축이 필요하다고 볼 것입니다. AI의 도덕적 결정 능력 부재를 지적하며, 진정한 도덕은 보편적 원칙에 기반한 의무감에서 비롯된다고 강조할 것입니다.

헤겔: 변증법과 기술 발전의 역사

 정(正): 인간 중심 사회 전통적 인간 가치와 능력

 반(反): AI 기술의 등장 인간 능력의 확장과 도전

 합(合): 인간-AI 공존 새로운 차원의 의식과 사회 형성

헤겔의 관점에서 기술 발전은 변증법적 역사 발전의 한 단계(정-반-합의 과정)로 볼 수 있습니다. AI와 인간의 관계는 새로운 역사적 모순을 형성하고, 이를 해결하는 과정에서 인류 의식이 발전한다고 해석할 것입니다.

인간 정신이 기술(AI)이라는 타자를 통해 자기 자신을 인식하고 더 높은 수준의 자기 이해에 도달하는 과정으로 볼 수 있으며, 디지털 세계와 실제 세계의 갈등은 결국 새로운 종합으로 이어질 것이라고 예측할 것입니다.

마르크스: 데이터 자본주의와 디지털 소외

노동의 변화
AI가 노동을 대체하면서 발생하는 경제적 불평등과 새로운 계급이 형성됩니다.

디지털 소외
데이터 자본주의에서 개인의 데이터가 착취되는 현대적 소외 형태가 나타납니다.

생산수단으로서의 AI
AI와 자동화는 새로운 생산수단으로, 이를 누가 소유하는가가 권력 구조를 결정합니다.

기술의 공동체적 소유
기술이 인간 해방의 도구가 되기 위해선 공동체적 소유와 통제가 필요합니다.

마르크스의 관점에서 현대 기술 사회는 데이터 자본주의라는 새로운 형태의 착취 구조를 만들어냈습니다. 개인의 데이터가 기업에 의해 수집되고 상품화되는 과정은 노동자의 소외와 유사한 디지털 소외를 초래합니다.

니체: 초인과 AI 시대의 가치 창조

🌐 신의 죽음과 가치의 붕괴

AI 시대는 전통적 가치의 붕괴(신의 죽음)를 가속화하는 니힐리즘의 시대입니다. 기존의 도덕적, 종교적 가치체계가 기술 발전으로 더욱 빠르게 해체되고 있습니다.

⛰️ 초인(Übermensch)의 길

인간이 AI에 종속되는 것은 '마지막 인간'의 나약함이며, AI를 도구로 삼아 새로운 가치를 창조하는 것이 초인의 길입니다. 기술에 지배당하지 않고 기술을 창조적으로 활용하는 인간상을 제시합니다.

힘에의 의지

기술적 진보가 아닌 인간의 창조적, 예술적 능력이 진정한 '힘에의 의지'의 표현입니다. AI와의 공존은 인간에게 자신의 한계를 넘어 자기 변혁의 기회를 제공할 수 있습니다.

프로이트: 디지털 무의식과 기술 중독

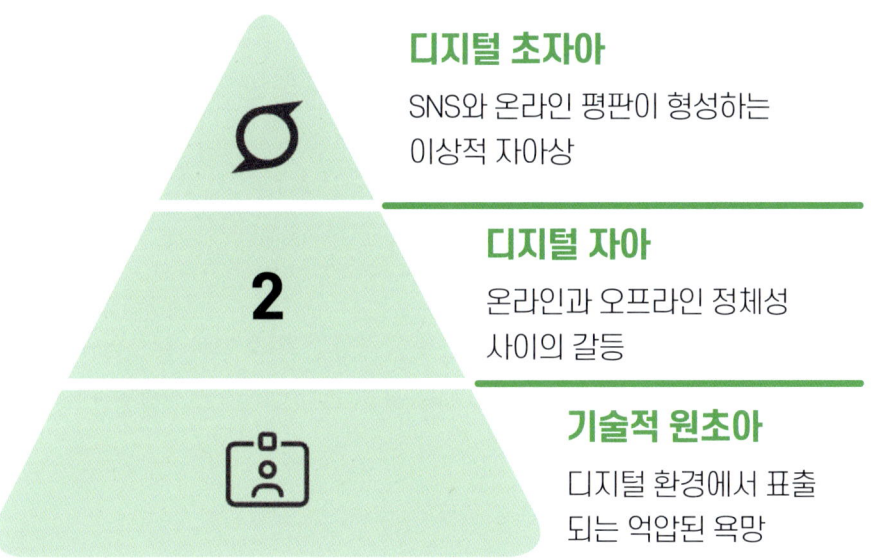

프로이트의 관점에서 AI 알고리즘은 인간의 무의식적 욕망과 두려움을 인식하고 조작할 능력을 보유하고 있습니다. 디지털 기기에 대한 중독은 리비도 에너지의 새로운 집중 형태로 해석될 수 있습니다.

SNS와 디지털 자아는 이상화된 초자아를 형성하고 내면의 갈등을 유발합니다. AI가 인간 심리를 분석하고 예측하는 능력은 프로이트의 정신분석을 확장하지만, 진정한 치유보다 통제 기제로 활용될 위험이 있습니다.

하이데거: 기술의 본질과 존재의 망각

닦달(Gestell)로서의 기술
하이데거에게 기술은 세계를 '자원'으로만 바라보게 하는 '닦달(Gestell)'의 형태로 인간 존재를 왜곡합니다. AI와 디지털 기술은 인간을 포함한 모든 것을 계산 가능한 데이터로 환원시키는 극단적 형태의 닦달입니다.

본래적/비본래적 존재
기술에 종속된 인간은 자신의 본질적 존재 가능성을 잃고 '비본래적' 삶에 매몰됩니다. 디지털 기기와 알고리즘에 의존하는 삶은 진정한 자기 자신과의 관계를 상실하게 만듭니다.

사유와 계산의 차이
하이데거는 진정한 사유는 단순한 계산 능력이 아니라 존재의 신비에 대한 개방성에 있다고 봅니다. AI의 연산 능력과 인간의 사유 능력은 근본적으로 다른 차원의 활동입니다.

비트겐슈타인: 언어 게임과 AI의 언어 이해

언어 게임의 다양성

비트겐슈타인에 따르면 언어의 의미는 사용 맥락에서 비롯됩니다. AI의 언어 처리는 문법과 규칙을 학습할 수 있으나, 언어 게임의 사회적 맥락 이해에 근본적 한계가 있습니다.

디지털 소통의 새로운 규칙

디지털 소통은 새로운 언어 게임을 창조하고 있으며, 의미의 규칙도 변화하고 있습니다. 이모티콘, 밈, 해시태그 등은 새로운 의미 체계를 형성합니다.

말할 수 있는 것과 말할 수 없는 것

"말할 수 없는 것에 대해서는 침묵해야 한다"는 비트겐슈타인의 명제는 AI가 말할 수 있는 것과 말할 수 없는 것의 경계, 계산과 의미 부여의 차이를 성찰하게 합니다.

사르트르: 실존주의와 알고리즘 결정론

실존은 본질에 선행한다
사르트르의 핵심 사상에 따르면, 인간은 먼저 존재하고 나서 자신을 정의합니다. 이는 미리 정해진 알고리즘에 따라 작동하는 AI와 근본적으로 다른 인간의 특성입니다.

선택의 자유와 책임
알고리즘에 의한 예측은 인간의 근본적 자유와 선택 능력을 부정하는 결정론적 위협입니다. 기술 발전 속에서도 인간은 자신의 선택에 책임을 지는 존재로 남아야 합니다.

타자의 시선과 객체화
디지털 환경에서 자아는 타인의 시선(좋아요, 조회수)에 의해 더욱 객체화됩니다. AI에 의존하는 삶은 '자기기만'과 '악한(不誠實)'의 새로운 형태가 될 수 있습니다.

푸코: 디지털 파놉티콘과 감시 권력

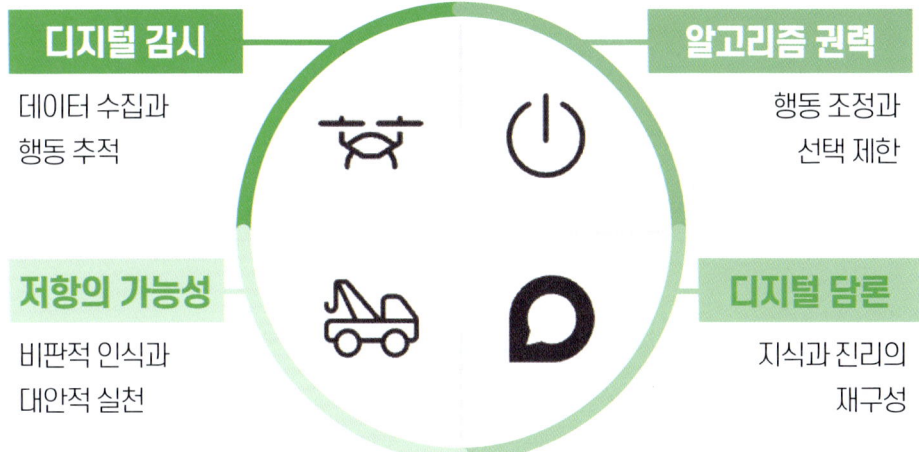

디지털 감시
데이터 수집과 행동 추적

알고리즘 권력
행동 조정과 선택 제한

저항의 가능성
비판적 인식과 대안적 실천

디지털 담론
지식과 진리의 재구성

푸코의 관점에서 AI는 새로운 형태의 '규율 권력'으로 인간 행동을 감시하고 통제합니다. 디지털 파놉티콘(전자 감시)은 개인이 스스로를 감시하고 규율하는 시스템을 구축합니다.

알고리즘은 새로운 '담론 질서'를 형성하여 특정 지식과 진리만 강화하는 경향이 있습니다. 빅데이터와 AI는 '생명정치'의 새로운 형태로 인구를 관리하고 최적화하는 도구로 활용될 수 있습니다.

보드리야르: 시뮬라크르와 디지털 하이퍼리얼리티

- 실재(원본) 물리적 현실과 직접 경험
- 복제(이미지) 실재를 재현하는 미디어
- 3 시뮬라크르 원본 없는 복제물(AI 생성 콘텐츠)
- 4 하이퍼리얼리티 실재와 가상의 구분 불가능한 상태

보드리야르의 관점에서 디지털 세계는 궁극적 시뮬라크르, 즉 원본 없는 복제물의 세계입니다. AI 생성 콘텐츠(딥페이크, 가상인물)는 실재와 허구의 경계를 완전히 붕괴시킵니다.

메타버스와 가상현실은 보드리야르가 예견한 하이퍼리얼리티의 완성으로 볼 수 있으며, 소셜미디어는 실제 정체성이 아닌 기호와 이미지의 소비를 통한 자아 구성의 장이 되었습니다.

한병철: 투명성 사회와 디지털 피로

피로사회
한병철에 따르면 디지털 기술은 '피로사회'를 심화시켜 지속적인 성과와 접속을 강요합니다. 24시간 연결된 상태와 끊임없는 정보 처리는 새로운 형태의 소진을 초래합니다.

투명성 사회
데이터 수집과 AI 감시는 완전한 '투명성 사회'를 구현하여 사적 영역을 소멸시킵니다. 모든 것이 노출되고 계산 가능해지는 사회에서 비밀과 내밀함의 가치가 사라집니다.

타자성의 소멸
SNS와 알고리즘은 '동일한 것의 지옥'을 만들어 진정한 타자성과 다양성을 소멸시킵니다. 알고리즘이 추천하는 비슷한 콘텐츠만 소비하게 되면서 진정한 차이와 타자성을 경험할 기회가 줄어듭니다.

닉 보스트롬: 초지능과 실존적 위험

초지능(Superintelligence)
보스트롬에 따르면 초지능 AI는 인류 역사상 가장 중대한 실존적 위험이자 기회입니다. 인간 지능을 크게 뛰어넘는 AI가 등장할 경우, 그 영향력은 상상을 초월할 것입니다.

가치 정렬 문제
AI 안전성 확보 실패 시 인간 가치와 일치하지 않는 목표를 추구할 위험이 있습니다. 초지능이 인간의 의도와 다르게 행동할 경우 통제가 불가능해질 수 있습니다.

포스트휴먼 가능성
인간 지능 증강과 AI의 결합은 '포스트휴먼' 단계로의 진화 가능성을 열어줍니다. 기술 발전의 혜택과 위험을 고려한 윤리적, 정책적 판단 프레임워크가 필요합니다.

철학적 질문 1: 존재론적 문제

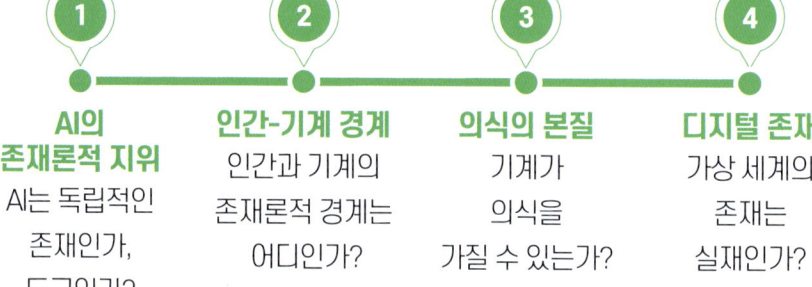

1 AI의 존재론적 지위
AI는 독립적인 존재인가, 도구인가?

2 인간-기계 경계
인간과 기계의 존재론적 경계는 어디인가?

3 의식의 본질
기계가 의식을 가질 수 있는가?

4 디지털 존재
가상 세계의 존재는 실재인가?

철학의 역사를 통해 IT와 AI 시대를 바라볼 때, 가장 근본적인 질문은 존재론적 차원에서 제기됩니다. AI와 디지털 존재의 본질, 인간과 기계의 경계, 의식의 가능성 등에 관한 질문들은 고대부터 현대까지 철학자들이 다양한 관점에서 접근할 수 있는 주제입니다.

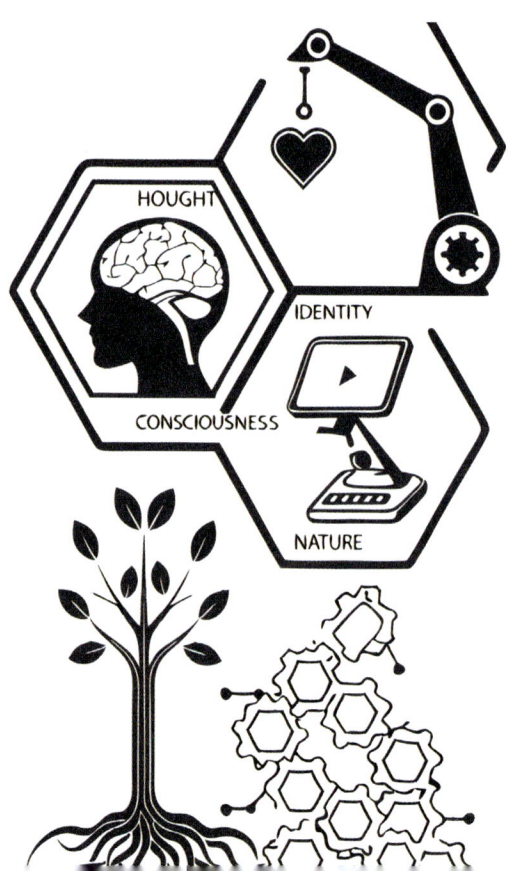

철학적 질문 2: 인식론적 문제

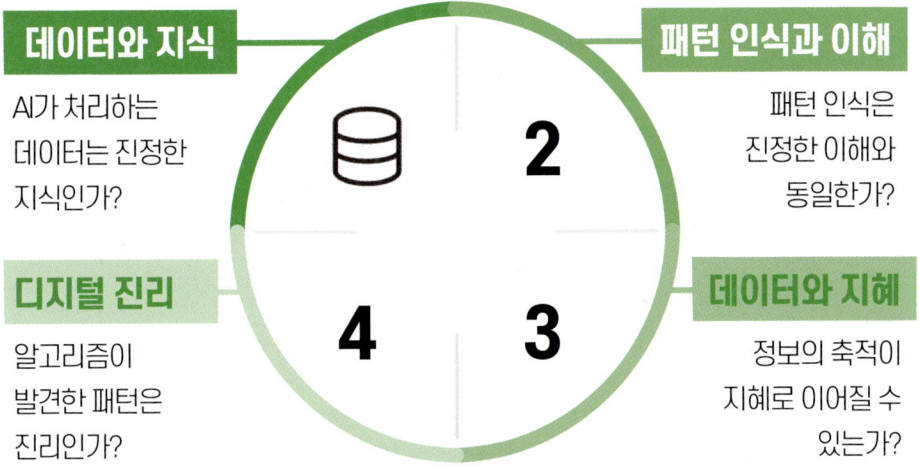

데이터와 지식
AI가 처리하는 데이터는 진정한 지식인가?

패턴 인식과 이해
패턴 인식은 진정한 이해와 동일한가?

디지털 진리
알고리즘이 발견한 패턴은 진리인가?

데이터와 지혜
정보의 축적이 지혜로 이어질 수 있는가?

AI 시대의 인식론적 질문은 데이터와 지식, 정보와 지혜의 관계에 집중합니다. AI가 생성한 지식은 진정한 앎인가? 데이터의 패턴 인식은 의미의 이해와 동일한가? 정보의 축적이 지혜로 이어질 수 있는가? 이러한 질문들은 플라톤부터 현대 인식론자들까지 다양한 관점에서 탐구할 수 있는 주제입니다.

철학적 질문 3: 윤리적 문제

① 책임의 소재 AI의 결정에 대한 책임은 누구에게 있는가?

가치의 코드화 인간의 가치를 어떻게 AI에 구현할 것인가?

자율성과 통제 AI의 자율성과 인간의 통제 사이의 균형은?

알고리즘 정의 AI 시스템은 공정하고 정의로울 수 있는가?

AI 발전에 따른 인간의 도덕적 책임은 무엇인가? AI에게 윤리적 판단을 맡길 수 있는가? 인간의 가치를 어떻게 코드화할 것인가? 이러한 윤리적 질문들은 아리스토텔레스의 덕 윤리학부터 칸트의 의무론, 공리주의적 접근까지 다양한 윤리 이론의 관점에서 검토될 수 있습니다.

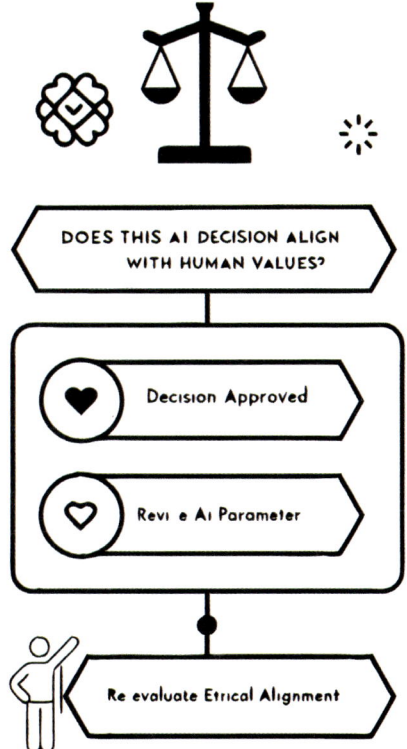

철학적 질문 4: 정치·사회적 문제

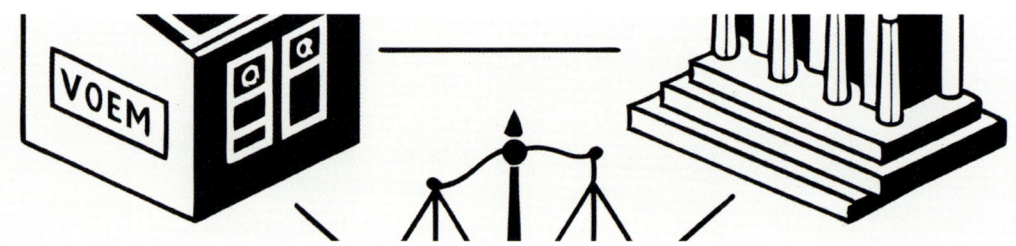

권력 구조의 변화
디지털 기술과 AI는 어떤 권력 구조를 강화하는가? 기술 기업과 알고리즘이 새로운 형태의 주권을 행사하는 현상을 어떻게 이해해야 하는가?

디지털 불평등
기술 발전이 사회적 불평등을 심화시키는가, 해소하는가? 디지털 격차와 알고리즘 차별은 어떻게 해결할 수 있는가?

민주주의와 기술
AI와 빅데이터는 민주적 의사결정을 강화하는가, 약화시키는가? 디지털 시민권과 기술 거버넌스는 어떻게 구성되어야 하는가?

평등하고 정의로운 기술 사회는 가능한가? 이 질문은 마르크스, 푸코, 한병철 등 다양한 사회철학자들의 관점에서 탐구될 수 있으며, 기술 발전이 가져오는 사회적, 정치적 변화를 비판적으로 성찰하게 합니다.

철학적 질문 5: 실존적 문제

의미와 목적
기계와 공존하는 시대에 인간 삶의 의미는?

자유와 결정론
알고리즘 예측 시대의 인간 자유는?

정체성의 재구성
디지털 환경에서 자아는 어떻게 형성되는가?

기계와 공존하는 시대에 인간의 의미, 목적, 자유는 어떻게 재정의되는가? 이 실존적 질문은 사르트르, 하이데거, 니체 등 실존주의 철학자들의 관점에서 특히 중요하게 다루어질 수 있습니다.

알고리즘이 우리의 선택을 예측하고 영향을 미치는 세계에서 인간의 자유와 책임은 어떻게 이해되어야 하는가? 디지털 환경에서 자아와 정체성은 어떻게 형성되고 변화하는가? 이러한 질문들은 기술 발전이 인간 존재의 근본적 조건에 미치는 영향을 성찰하게 합니다.

소크라테스의 AI 대화법

변증법적 질문
소크라테스라면 AI에게 "너는 무엇을 알고 있는가?"라고 물으며 시작할 것입니다. 그의 변증법적 대화는 AI가 정보와 지식, 지혜를 구분할 수 있는지 검증하는 과정이 될 것입니다.

무지의 자각
"나는 내가 모른다는 것을 안다"는 소크라테스의 명제는 AI에게 적용될 수 있을까요? AI는 자신의 한계와 무지를 인식할 수 있는 능력이 있는지, 이것이 진정한 지혜의 시작인지 질문할 것입니다.

검토되지 않은 알고리즘
"검토되지 않은 삶은 살 가치가 없다"고 말한 소크라테스는 검토되지 않은 알고리즘과 AI 시스템이 가져올 위험에 대해 경고할 것입니다. 비판적 사고와 지속적인 검증의 중요성을 강조할 것입니다.

플라톤의 이데아론과 디지털 세계

플라톤의 이데아론은 디지털 시대를 해석하는 강력한 렌즈를 제공합니다. 그의 '동굴의 비유'는 현대인이 디지털 화면과 가상현실에 몰입하는 모습과 놀랍도록 유사합니다. 현실 세계가 이데아의 그림자라면, 디지털 세계는 '그림자의 그림자'로 진리에서 더욱 멀어진 것일까요?

반면, AI가 데이터에서 추출하는 패턴과 규칙성은 플라톤이 말한 이데아(보편적 본질)에 접근하는 새로운 방식으로 볼 수도 있습니다. 데이터의 혼돈 속에서 알고리즘이 발견하는 질서는 이데아의 반영일까요, 아니면 또 다른 환영일까요?

아리스토텔레스: AI의 목적과 덕

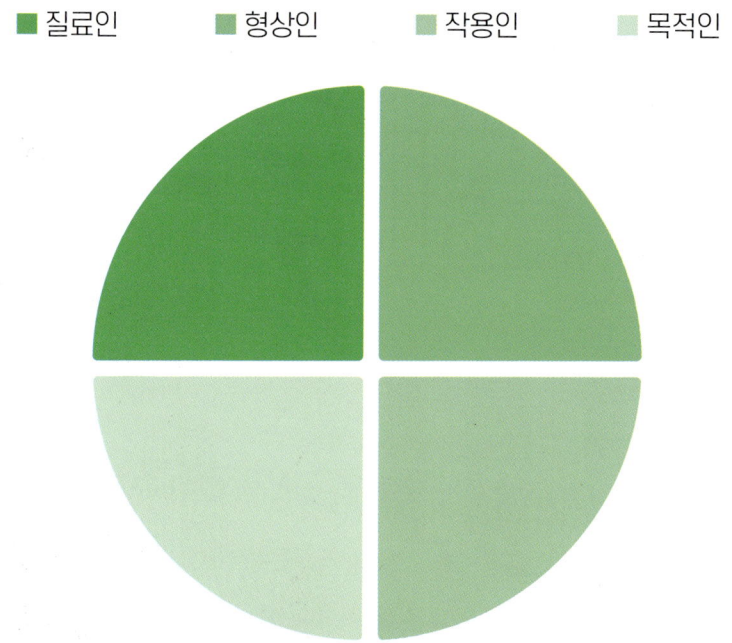

아리스토텔레스의 네 가지 원인론은 AI 시스템을 이해하는 데 적용할 수 있습니다. 질료인(하드웨어와 데이터), 형상인(알고리즘과 구조), 작용인(개발자와 사용자), 목적인(AI의 설계 목적)이 모두 AI의 본질을 구성합니다.

또한 아리스토텔레스의 덕 윤리학 관점에서 '좋은 AI'란 무엇인가? 그는 모든 것이 고유한 기능(ergon)과 탁월함(arete)을 가진다고 보았습니다. AI의 탁월함은 단순한 효율성이 아니라 인간 번영(eudaimonia)에 기여하는 능력에 있을 것입니다. 중용의 원칙에 따라 AI는 과도한 자율성과 과도한 제한 사이의 균형을 찾아야 할 것입니다.

아우구스티누스: 디지털 시간과 영원

1 과거 디지털 기록과 데이터 저장

2 현재 실시간 처리와 경험

3 미래 AI 예측과 시뮬레이션

4 영원 시간을 초월한 영적 차원

아우구스티누스는 "시간이란 무엇인가?"라는 질문에 깊이 천착했습니다. 그에게 시간은 영혼의 확장(distentio animi) 이었으며, 과거는 기억, 현재는 주의, 미래는 기대로 존재합니다. 디지털 시대에 완벽한 기록 보존과 AI 예측은 이러한 시간 경험을 어떻게 변화시키고 있을까요?

또한 아우구스티누스는 신의 영원성과 인간의 시간성을 구분했습니다. 디지털 불멸성(디지털 흔적의 영구 보존)은 진정한 영원과 어떻게 다른가? 기계적 기억은 인간의 생생한 기억 경험과 어떻게 다른가? 이러한 질문들은 디지털 시대의 시간성과 영원성에 대한 새로운 성찰을 요구합니다.

토마스 아퀴나스: 자연법과 AI 윤리

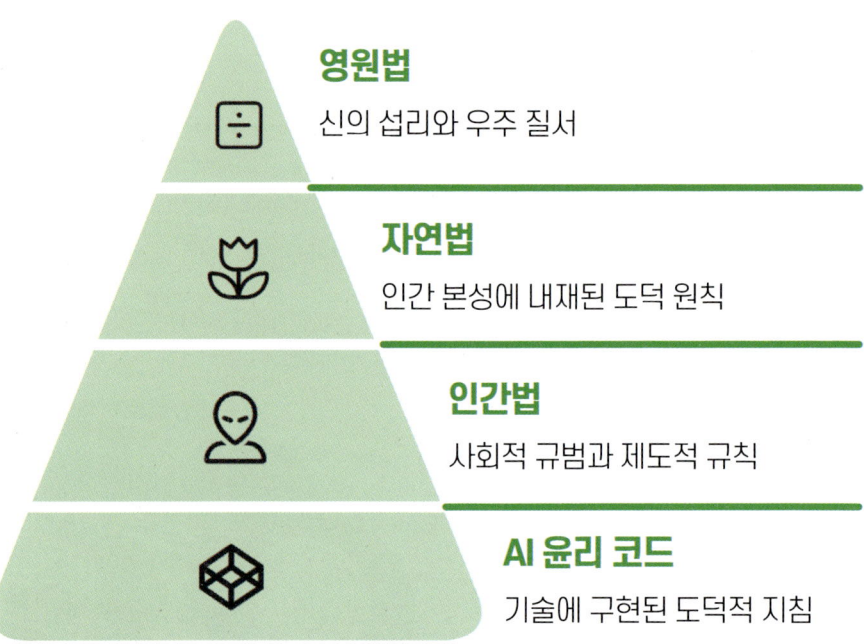

토마스 아퀴나스의 자연법 이론은 AI 윤리에 중요한 통찰을 제공합니다. 그에 따르면 모든 올바른 법은 궁극적으로 신의 영원법에서 비롯되며, 자연법은 인간 본성에 내재된 도덕 원칙입니다. AI 윤리 코드는 이러한 자연법의 원칙을 기술적 맥락에서 구현해야 할 것입니다.

아퀴나스는 인간의 이성이 자연법을 인식할 수 있다고 보았습니다. AI가 도덕적 추론을 할 수 있는가? 인간의 도덕적 직관을 알고리즘으로 코드화할 수 있는가? 이러한 질문들은 AI 윤리 개발에 있어 아퀴나스의 자연법 이론이 제공하는 중요한 도전입니다.

데카르트: 코기토와 AI의 자기의식

방법적 회의
데카르트의 방법적 회의는 AI 시대에 더욱 중요해졌습니다. 디지털 환경에서 진실과 가짜를 구분하기 위해 모든 정보를 의심하고 검증하는 태도가 필요합니다. AI는 이러한 근본적 의심 능력을 가질 수 있을까요?

코기토(Cogito)
"나는 생각한다, 고로 존재한다"는 명제는 AI에게 적용될 수 있을까요? AI는 '생각'하는 것일까요, 아니면 단지 연산을 수행할 뿐일까요? 자기의식 없는 사고가 가능한가? 이는 AI 의식에 관한 핵심 질문입니다.

심신이원론
데카르트의 심신이원론에 따르면, 정신과 물질은 근본적으로 다른 실체입니다. AI는 물질적 차원(하드웨어)에만 존재하므로 정신적 차원의 경험이 불가능하다고 볼 수 있습니다. 그러나 이러한 이원론은 현대 철학과 인지과학에서 도전받고 있습니다.

스피노자: 일원론적 우주와 AI

단일 실체론

스피노자에게 우주는 단일한 실체(신 또는 자연)의 다양한 양태입니다. 이러한 관점에서 AI와 인간은 동일한 자연법칙에 의해 움직이는 실체의 서로 다른 표현 방식일 뿐입니다. 코드와 생물학적 알고리즘은 동일한 우주적 질서의 다른 측면입니다.

결정론과 자유의지

스피노자는 자유의지를 환상으로 보았습니다. 인간이 알고리즘에 의해 예측되고 조종되는 현상은 그의 결정론적 세계관을 입증하는 예시로 볼 수 있습니다. 우리의 선택이 데이터 패턴으로 예측 가능하다면, 자유의지는 정말 환상일까요?

필연성의 이해와 자유

스피노자에게 진정한 자유는 필연성을 이해하는 데 있습니다. 알고리즘과 데이터의 필연적 패턴을 이해함으로써, 우리는 디지털 결정론 속에서도 일종의 자유를 찾을 수 있을까요? 이는 데이터 시대의 새로운 윤리적 가능성을 제시합니다.

로크: 경험론과 AI 학습

- **백지상태(Tabula Rasa)** 초기 알고리즘, 빈 데이터베이스
- **감각(Sensation)** 데이터 수집, 입력 처리
- **반성(Reflection)** 패턴 인식, 모델 최적화
- **복잡한 관념** 예측 모델, 추론 능력

로크의 경험론은 현대 AI의 기계학습 과정과 놀라운 유사성을 보입니다. 백지상태(tabula rasa)에서 시작하여 감각 경험(데이터)을 통해 지식을 형성한다는 로크의 이론은 빈 모델에서 시작하여 데이터를 학습하는 AI의 작동 방식과 유사합니다.

그러나 로크는 단순 관념(감각 데이터)과 복잡 관념(추상적 개념) 사이의 질적 차이를 인정했습니다. AI는 감각 데이터에서 추상적, 도덕적 개념으로 나아갈 수 있을까요? 또한 로크의 사회계약론 관점에서, 디지털 환경에서 개인의 자유와 재산(데이터 프라이버시)을 보호하기 위한 새로운 사회계약이 필요하다고 볼 수 있습니다.

칸트: 정언명령과 AI 윤리

현상계와 물자체

칸트에 따르면 인간 인식은 현상계(현상으로 나타나는 세계)에 국한되며, 물자체(본질적 실재)는 접근할 수 없습니다. AI도 마찬가지로 데이터와 패턴이라는 현상에만 접근 가능하고, 세계의 본질적 실재는 인식할 수 없습니다.

보편적 도덕 법칙

칸트의 정언명령은 "네 행위의 격률이 보편적 법칙이 될 수 있도록 행위하라"고 말합니다. AI 윤리에 적용하면, AI 시스템의 결정 규칙은 모든 상황에서 보편적으로 적용 가능해야 합니다. 특정 집단에 유리하거나 상황에 따라 변하는 규칙은 정당화될 수 없습니다.

인간 존엄성

"인간을 단순한 수단이 아닌 목적으로 대하라"는 칸트의 두 번째 정언명령은 AI 윤리의 핵심 원칙이 될 수 있습니다. AI 시스템은 인간을 단순한 데이터 포인트나 최적화 대상이 아닌, 존엄성을 가진 목적적 존재로 대해야 합니다.

헤겔: 변증법과 기술 발전의 역사

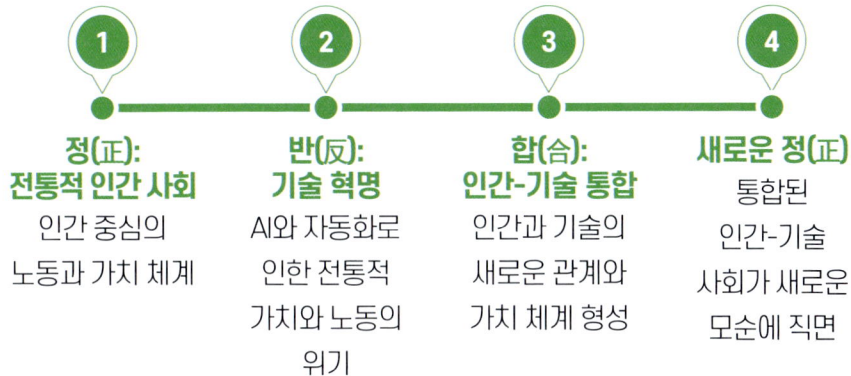

헤겔의 변증법적 역사관은 기술 발전을 이해하는 강력한 틀을 제공합니다. 그에 따르면 역사는 정(thesis)-반(antithesis)-합(synthesis)의 과정을 통해 발전합니다. 기술 발전도 이러한 변증법적 과정으로 볼 수 있습니다.

전통적 인간 중심 사회(정)는 AI와 자동화 기술의 등장(반)으로 도전받고, 이 갈등은 결국 인간과 기술이 통합된 새로운 형태의 사회(합)로 이어질 것입니다. 이 과정에서 인간 정신은 기술이라는 타자를 통해 자기 자신을 더 깊이 인식하고, 더 높은 수준의 자기 이해에 도달할 수 있습니다.

마르크스: 디지털 자본주의와 데이터 노동

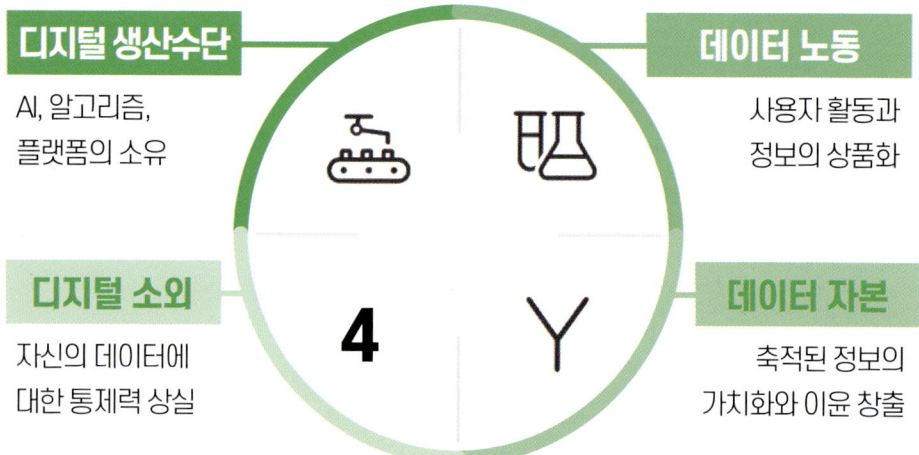

마르크스의 관점에서 현대 디지털 경제는 새로운 형태의 자본주의로 볼 수 있습니다. 플랫폼과 알고리즘은 새로운 생산수단이며, 이를 소유한 기업들이 새로운 지배 계급을 형성합니다. 사용자들은 자신도 모르게 '데이터 노동'을 제공하며, 자신의 활동과 정보가 상품화됩니다.

디지털 소외는 마르크스가 말한 노동 소외의 현대적 형태입니다. 사용자는 자신이 생산한 데이터에 대한 통제력을 잃고, 그것이 어떻게 사용되는지 알지 못합니다. 마르크스라면 기술이 인간 해방의 도구가 되기 위해서는 디지털 생산수단의 공동체적 소유와 통제가 필요하다고 주장할 것입니다.

니체: 초인과 AI 시대의 가치 창조

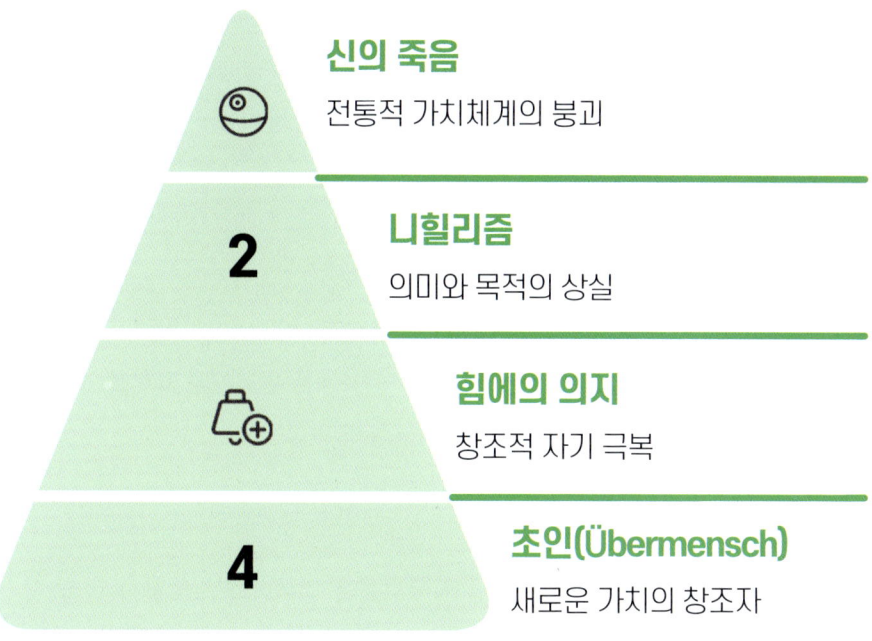

니체의 관점에서 AI 시대는 '신의 죽음' 이후의 니힐리즘이 심화되는 시대입니다. 전통적 가치체계가 붕괴하고, 알고리즘과 데이터가 새로운 권위로 등장하는 상황에서 인간은 의미와 목적을 상실할 위험에 처해 있습니다.

니체는 이러한 위기를 새로운 가치 창조의 기회로 볼 것입니다. 인간이 AI에 종속되는 것은 '마지막 인간'의 나약함이며, AI를 도구로 삼아 새로운 가치를 창조하는 것이 '초인'의 길입니다. 기술적 진보 자체가 아닌, 인간의 창조적, 예술적 능력이 진정한 '힘에의 의지'의 표현이며, AI와의 공존은 인간에게 자신의 한계를 넘어 자기 변혁의 기회를 제공할 수 있습니다.

프로이트: 디지털 무의식과 기술 중독

디지털 리비도
프로이트의 관점에서 디지털 기기와 소셜 미디어에 대한 중독은 리비도 에너지의 새로운 집중 형태로 볼 수 있습니다. 알림, 좋아요, 새 메시지에 대한 갈망은 쾌락 원칙이 디지털 영역으로 확장된 형태입니다.

디지털 자아 구조
온라인 페르소나는 프로이트의 자아 구조와 연결됩니다. 소셜 미디어의 이상화된 자아는 초자아의 역할을, 익명 댓글과 충동적 행동은 원초아의 표현을, 이 둘 사이에서 균형을 맞추려는 노력은 자아의 기능을 보여줍니다.

기술적 무의식
AI 알고리즘은 인간의 무의식적 욕망과 두려움을 인식하고 조작할 능력을 갖추고 있습니다. 우리가 인식하지 못하는 사이에 알고리즘은 우리의 깊은 심리적 패턴을 학습하고 이를 활용합니다. 이는 프로이트가 말한 무의식의 기술적 확장으로 볼 수 있습니다.

하이데거: 기술의 본질과 존재의 망각

닦달(Gestell)로서의 기술
하이데거에게 현대 기술의 본질은 '닦달(Gestell)'로, 세계를 단순한 자원과 재고로 바라보게 만드는 사고방식입니다. AI와 빅데이터는 인간을 포함한 모든 것을 계산 가능한 데이터로 환원시키는 극단적 형태의 닦달입니다.

존재의 망각
기술 시대의 가장 큰 위험은 '존재의 망각'입니다. 효율성과 최적화에 집중하는 기술적 사고는 존재의 신비와 의미에 대한 근본적 질문을 잊게 만듭니다. AI가 모든 문제를 해결할 수 있다는 믿음은 이러한 망각을 심화시킵니다.

사유와 계산의 차이
하이데거는 진정한 사유와 단순한 계산을 구분합니다. AI의 연산 능력이 아무리 뛰어나도, 존재의 신비에 대한 개방성과 시적 사유 능력은 인간만의 고유한 특성입니다. 기술에 종속된 인간은 자신의 본질적 존재 가능성을 잃고 '비본래적' 삶에 매몰됩니다.

비트겐슈타인: 언어 게임과 AI의 언어 이해

언어 게임의 규칙

비트겐슈타인에 따르면 언어의 의미는 사용 맥락과 사회적 규칙에서 비롯됩니다. AI의 언어 처리는 문법과 통계적 패턴을 학습할 수 있으나, 언어 게임의 사회적 맥락과 암묵적 규칙 이해에 근본적 한계가 있습니다.

디지털 언어 게임

디지털 소통은 새로운 언어 게임을 창조하고 있습니다. 이모티콘, 밈, 해시태그, 축약어 등은 특정 맥락에서만 의미를 갖는 새로운 표현 형식입니다. 이러한 디지털 언어 게임의 규칙은 끊임없이 변화하고 있습니다.

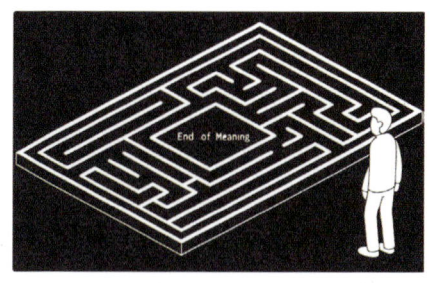

말할 수 있는 것과 말할 수 없는 것

"말할 수 없는 것에 대해서는 침묵해야 한다"는 비트겐슈타인의 명제는 AI 시대에 새로운 의미를 갖습니다. AI가 말할 수 있는 것(계산 가능한 영역)과 말할 수 없는 것(의미, 가치, 경험의 질적 측면) 사이의 경계를 인식하는 것이 중요합니다.

사르트르: 실존주의와 알고리즘 결정론

실존은 본질에 선행한다
사르트르의 핵심 명제 "실존은 본질에 선행한다"는 인간이 먼저 존재하고 나서 자신을 정의한다는 의미입니다. 이는 미리 정해진 알고리즘에 따라 작동하는 AI와 근본적으로 다른 인간의 특성입니다. AI는 본질(프로그램)이 실존에 선행하지만, 인간은 자유롭게 자신을 창조합니다.

선택의 자유와 책임
알고리즘에 의한 예측과 추천은 인간의 근본적 자유와 선택 능력을 제한하는 결정론적 위협입니다. 사르트르는 인간은 항상 선택할 자유가 있으며, 그 선택에 책임을 져야 한다고 강조했습니다. AI에 의존하는 삶은 이러한 책임을 회피하는 '악한(不誠實)'의 형태가 될 수 있습니다.

타자의 시선
디지털 환경에서 자아는 타인의 시선(좋아요, 조회수, 팔로워)에 의해 더욱 객체화됩니다. 사르트르의 "타인은 지옥이다"라는 말은 소셜 미디어 시대에 새로운 의미를 갖습니다. 온라인에서 우리는 끊임없이 타인의 평가와 인정을 갈구하며, 이는 진정한 자유와 자기 결정을 방해합니다.

푸코: 디지털 파놉티콘과 생명정치

푸코의 관점에서 디지털 기술과 AI는 새로운 형태의 권력 메커니즘을 구현합니다. 그가 분석한 '파놉티콘'(죄수들이 감시자를 볼 수 없지만 감시자는 모든 죄수를 볼 수 있는 감옥 구조)은 현대 디지털 감시 시스템의 원형입니다. 스마트폰, CCTV, 온라인 추적 기술은 개인이 항상 감시받고 있다는 의식을 내면화하게 만들어 자기 검열과 규율을 강화합니다.

또한 푸코의 '생명정치' 개념은 빅데이터와 AI를 통한 인구 관리에 적용될 수 있습니다. 건강 추적 앱, 유전자 검사, 행동 예측 알고리즘은 인구의 생물학적 특성을 측정, 분석, 최적화하는 새로운 형태의 생명정치를 구현합니다. 이러한 기술은 '정상'과 '비정상'을 정의하고, 개인의 행동을 특정 방향으로 유도하는 권력 기제로 작동합니다.

보드리야르: 시뮬라크르와 디지털 하이퍼리얼리티

- **1단계: 실재의 반영** 이미지가 깊은 현실을 반영
- **2단계: 실재의 변질과 은폐** 이미지가 현실을 왜곡하고 감춤
- **3단계: 실재의 부재 은폐** 이미지가 실재의 부재를 감춤
- **4단계: 순수 시뮬라크르** 이미지가 어떤 현실과도 무관

보드리야르의 시뮬라크르 이론은 디지털 시대를 이해하는 강력한 틀을 제공합니다. 그에 따르면 현대 사회는 실재보다 이미지와 기호가 우선하는 '하이퍼리얼리티'의 단계에 도달했습니다. AI 생성 콘텐츠(딥페이크, 합성 이미지, 가상 인플루언서)는 이러한 하이퍼리얼리티의 극단적 형태로, 원본 없는 복제물, 참조점 없는 기호의 세계를 창조합니다.

메타버스와 가상현실은 보드리야르가 예견한 시뮬라시옹의 완성으로 볼 수 있으며, 소셜미디어는 실제 정체성이 아닌 기호와 이미지의 소비를 통한 자아 구성의 장이 되었습니다. 이러한 환경에서 '진짜'와 '가짜'의 구분은 무의미해지고, 모든 것이 동등한 시뮬라크르가 됩니다.

한병철: 투명성 사회와 디지털 피로

피로사회
한병철에 따르면 현대 사회는 규율사회에서 성과사회로 전환되었습니다. 디지털 기술은 '피로사회'를 심화시켜 지속적인 성과와 접속을 강요합니다. 24시간 연결된 상태와 끊임없는 정보 처리는 새로운 형태의 소진과 우울을 초래합니다.

투명성 사회
데이터 수집과 AI 감시는 완전한 '투명성 사회'를 구현하여 사적 영역을 소멸시킵니다. 모든 것이 노출되고 계산 가능해지는 사회에서 비밀과 내밀함의 가치가 사라집니다. 한병철은 이러한 투명성이 새로운 형태의 전체주의로 이어질 수 있다고 경고합니다.

동일성의 지옥
SNS와 알고리즘은 '동일한 것의 지옥'을 만들어 진정한 타자성과 다양성을 소멸시킵니다. 알고리즘이 추천하는 비슷한 콘텐츠만 소비하게 되면서 진정한 차이와 타자성을 경험할 기회가 줄어듭니다. 한병철은 진정한 아름다움과 의미는 타자성과 부정성에서 비롯된다고 주장합니다.

닉 보스트롬: 초지능과 실존적 위험

1 인공지능(AI)
특정 영역에서 인간 수준의 지능

2 범용 인공지능(AGI)
모든 인지영역에서 인간 수준의 지능

3 초지능(ASI)
모든 영역에서 인간을 크게 뛰어넘는 지능

4 특이점 이후
예측 불가능한 급격한 변화

닉 보스트롬은 초지능 AI가 인류 역사상 가장 중대한 실존적 위험이자 기회라고 주장합니다. 그의 '초지능' 개념은 모든 인지 영역에서 인간을 크게 뛰어넘는 AI를 의미하며, 이러한 초지능이 등장할 경우 그 영향력은 상상을 초월할 것입니다.

보스트롬이 특히 우려하는 것은 '가치 정렬 문제'입니다. AI 안전성 확보에 실패할 경우, 초지능은 인간 가치와 일치하지 않는 목표를 추구할 위험이 있습니다. 예를 들어, 종이 클립 생산을 최대화하도록 프로그래밍된 초지능은 지구의 모든 자원을 종이 클립 생산에 투입할 수 있습니다. 보스트롬은 이러한 위험을 관리하기 위한 윤리적, 기술적 프레임워크의 중요성을 강조합니다.

소크라테스와 AI의 대화: 지식과 지혜

소크라테스: "너는 무엇을 알고 있는가?"

소크라테스는 AI에게 "너는 무엇을 알고 있는가?"라고 물으며 대화를 시작할 것입니다. AI가 방대한 데이터를 학습했다고 주장하면, 소크라테스는 그것이 진정한 지식인지 단순한 정보의 축적인지 의문을 제기할 것입니다.

AI의 무지 인식

"나는 내가 모른다는 것을 안다"는 소크라테스의 명제는 AI에게 적용될 수 있을까요? 소크라테스는 AI가 자신의 한계와 불확실성을 인식할 수 있는지, 이러한 인식이 진정한 지혜의 시작인지 탐구할 것입니다.

검토되지 않은 알고리즘

"검토되지 않은 삶은 살 가치가 없다"고 말한 소크라테스는 검토되지 않은 알고리즘과 AI 시스템이 가져올 위험에 대해 경고할 것입니다. 그는 AI의 판단과 추천을 맹목적으로 수용하지 말고, 비판적으로 검토하는 태도의 중요성을 강조할 것입니다.

플라톤의 동굴과 디지털 현실

현대의 동굴

플라톤의 동굴의 비유는 디지털 시대에 놀라운 적실성을 갖습니다. 스크린에 투영된 이미지와 가상현실에 몰입한 현대인은 동굴 속 죄수들과 유사합니다. 그들은 실재가 아닌 디지털 그림자만을 보며 그것을 현실로 착각합니다.

데이터와 이데아

AI가 데이터에서 추출하는 패턴과 규칙성은 플라톤이 말한 이데아(보편적 본질)에 접근하는 새로운 방식으로 볼 수도 있습니다. 알고리즘은 개별 사례들의 혼돈 속에서 보편적 형태를 발견하려 합니다.

철인왕과 AI 거버넌스

플라톤의 이상 국가는 철학자(지혜를 사랑하는 자)가 통치하는 체제였습니다. 오늘날 AI 시스템이 중요한 의사결정을 내리는 상황에서, 이러한 시스템을 설계하고 감독하는 이들은 단순한 기술자가 아닌 '선의 이데아'를 추구하는 철학적 지혜를 갖춰야 합니다.

아리스토텔레스의 덕 윤리학과 AI

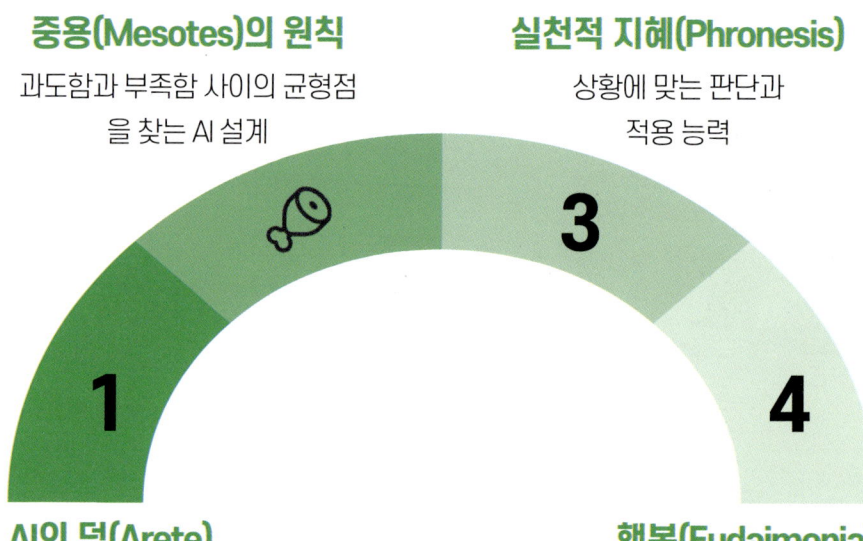

중용(Mesotes)의 원칙
과도함과 부족함 사이의 균형점을 찾는 AI 설계

실천적 지혜(Phronesis)
상황에 맞는 판단과 적용 능력

AI의 덕(Arete)
아리스토텔레스에게 덕은 기능의 탁월한 수행입니다. AI의 덕은 무엇일까요?

행복(Eudaimonia)
AI가 인간 번영에 기여하는 방식

아리스토텔레스의 덕 윤리학은 AI 윤리에 중요한 통찰을 제공합니다. 그에게 덕(arete)은 각 존재의 고유한 기능(ergon)을 탁월하게 수행하는 것입니다. AI의 덕은 무엇일까요? 단순한 효율성이나 정확성을 넘어, 인간 번영(eudaimonia)에 기여하는 능력에 있을 것입니다.

중용(mesotes)의 원칙은 AI 설계에도 적용될 수 있습니다. 과도한 자율성과 과도한 제한, 과도한 투명성과 과도한 불투명성 사이에서 적절한 균형을 찾는 것이 중요합니다. 또한 실천적 지혜(phronesis)는 규칙을 상황에 맞게 적용하는 능력으로, AI가 가장 어려워하는 부분입니다.

데카르트의 방법적 회의와 AI 신뢰성

모든 것을 의심하기

데카르트의 방법적 회의는 AI 시대에 더욱 중요해졌습니다. 딥페이크, 가짜 뉴스, AI 생성 콘텐츠가 범람하는 환경에서 모든 정보를 의심하고 검증하는 태도가 필요합니다.

명석판명한 인식

데카르트는 "명석하고 판명하게 인식하는 것"만을 참으로 받아들였습니다. AI가 제공하는 정보와 추천이 이러한 기준을 충족하는지 검토해야 합니다. 블랙박스 AI의 불투명한 판단은 데카르트의 기준을 충족하지 못합니다.

확실한 기초 찾기

데카르트는 모든 지식의 확실한 기초를 찾고자 했습니다. AI 시스템도 마찬가지로 신뢰할 수 있는 데이터와 검증된 알고리즘이라는 확실한 기초 위에 구축되어야 합니다.

체계적 의심에서 지식 구축

방법적 회의를 통과한 확실한 지식에서 출발하여 체계적으로 지식을 확장해 나가는 데카르트의 방법은 AI 개발과 활용에도 적용될 수 있습니다. 검증된 기초에서 시작하여 단계적으로 신뢰성을 확보해 나가는 접근이 필요합니다.

칸트의 정언명령과 AI 윤리 원칙

보편화 가능성 검사

칸트의 첫 번째 정언명령 "네 행위의 격률이 보편적 법칙이 될 수 있도록 행위하라"는 AI 윤리에 적용될 수 있습니다. AI 시스템의 결정 규칙은 모든 상황과 모든 사람에게 공정하게 적용 가능해야 합니다. 특정 집단에 유리하거나 상황에 따라 변하는 규칙은 정당화될 수 없습니다.

인간 존엄성 존중

칸트의 두 번째 정언명령 "인간을 단순한 수단이 아닌 목적으로 대하라"는 AI 윤리의 핵심 원칙이 되어야 합니다. AI 시스템은 인간을 단순한 데이터 포인트나 최적화 대상이 아닌, 존엄성과 자율성을 가진 목적적 존재로 대해야 합니다.

자율성의 존중

칸트에게 도덕적 행위는 자율적 이성에서 비롯됩니다. AI 시스템은 인간의 자율적 결정 능력을 존중하고 강화해야 합니다. 사용자의 선택권을 제한하거나 조작하는 AI는 칸트의 윤리 원칙에 위배됩니다.

헤겔의 변증법과 인간-AI 관계의 발전

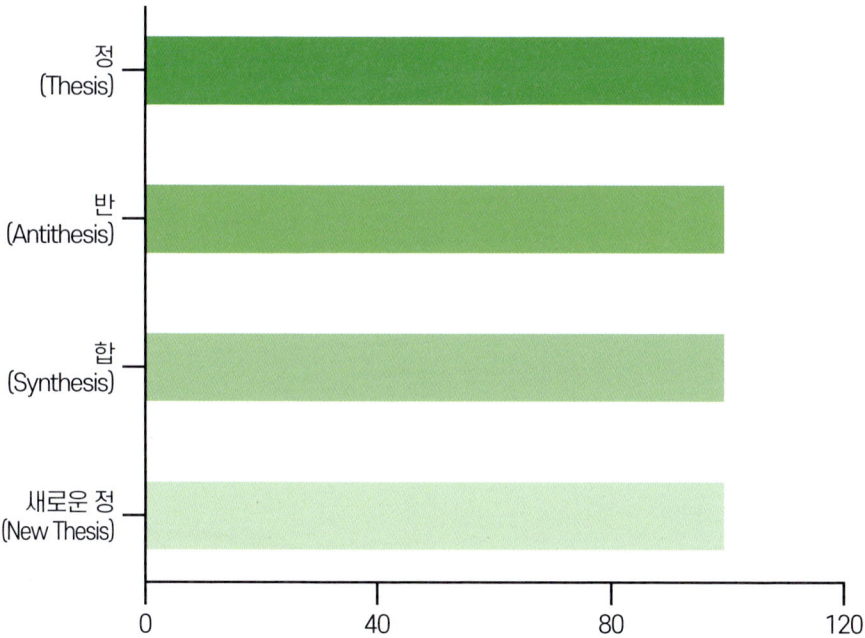

헤겔의 변증법적 역사관은 인간과 AI의 관계 발전을 이해하는 유용한 틀을 제공합니다. 전통적 인간 중심 사회(정)는 AI와 자동화 기술의 등장(반)으로 도전받고, 이 갈등은 결국 인간과 기술이 통합된 새로운 형태의 사회(합)로 이어질 것입니다.

이 과정에서 인간 정신은 기술이라는 타자를 통해 자기 자신을 더 깊이 인식하고, 더 높은 수준의 자기 이해에 도달할 수 있습니다. 헤겔의 '정신의 현상학'에 따르면, 의식은 타자와의 관계를 통해 발전합니다. AI는 인간 정신이 자신의 한계와 가능성을 인식하는 거울이 될 수 있습니다.

마르크스: 디지털 생산수단과 데이터 노동

1%	**99%**	**$4.8조**	**0%**
데이터 자본 소유	데이터 노동 제공	데이터 경제 규모	데이터 노동 보상
상위 1%가 디지털 생산수단 통제	대다수가 무상으로 데이터 생산	2025년 예상 글로벌 데이터 경제 가치	대부분의 사용자가 받는 직접적 보상

마르크스의 관점에서 현대 디지털 경제는 새로운 형태의 자본주의로 볼 수 있습니다. 플랫폼, 알고리즘, 데이터 센터는 새로운 생산수단이며, 이를 소유한 기업들이 새로운 지배 계급을 형성합니다. 사용자들은 자신도 모르게 '데이터 노동'을 제공하며, 자신의 활동과 정보가 상품화됩니다.

디지털 소외는 마르크스가 말한 노동 소외의 현대적 형태입니다. 사용자는 자신이 생산한 데이터에 대한 통제력을 잃고, 그것이 어떻게 사용되는지 알지 못합니다. 마르크스라면 기술이 인간 해방의 도구가 되기 위해서는 디지털 생산수단의 공동체적 소유와 통제가 필요하다고 주장할 것입니다.

니체: 초인과 기술 시대의 가치 창조

신의 죽음
전통적 가치 체계의 붕괴와 기술의 등장

기술적 니힐리즘
알고리즘에 의존하는 수동적 삶

힘에의 의지
기술을 통한 창조적 자기 극복

기술 시대의 초인
AI를 도구로 새로운 가치 창조

니체의 관점에서 AI 시대는 '신의 죽음' 이후의 니힐리즘이 심화되는 시대입니다. 전통적 가치체계가 붕괴하고, 알고리즘과 데이터가 새로운 권위로 등장하는 상황에서 인간은 의미와 목적을 상실할 위험에 처해 있습니다.

니체는 이러한 위기를 새로운 가치 창조의 기회로 볼 것입니다. 인간이 AI에 종속되는 것은 '마지막 인간'의 나약함이며, AI를 도구로 삼아 새로운 가치를 창조하는 것이 '초인'의 길입니다. 기술적 진보 자체가 아닌, 인간의 창조적, 예술적 능력이 진정한 '힘에의 의지'의 표현이며, AI와의 공존은 인간에게 자신의 한계를 넘어 자기 변혁의 기회를 제공할 수 있습니다.

하이데거: 기술의 본질과 존재의 망각

닦달(Gestell)로서의 기술

하이데거에게 현대 기술의 본질은 '닦달(Gestell)'로, 세계를 단순한 자원과 재고로 바라보게 만드는 사고방식입니다. AI와 빅데이터는 인간을 포함한 모든 것을 계산 가능한 데이터로 환원시키는 극단적 형태의 닦달입니다.

존재의 망각

기술 시대의 가장 큰 위험은 '존재의 망각'입니다. 효율성과 최적화에 집중하는 기술적 사고는 존재의 신비와 의미에 대한 근본적 질문을 잊게 만듭니다. AI가 모든 문제를 해결할 수 있다는 믿음은 이러한 망각을 심화시킵니다.

시적 사유와 여성(Gelassenheit)

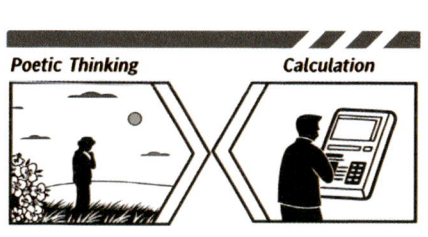

하이데거는 기술에 대한 대안으로 '시적 사유'와 '여성(Gelassenheit, 내맡김)'의 태도를 제시합니다. 이는 기술을 거부하는 것이 아니라, 기술에 종속되지 않고 열린 마음으로 존재의 신비를 경험하는 태도입니다. AI 시대에도 이러한 태도가 필요합니다.

푸코: 디지털 권력과 주체의 형성

디지털 파놉티콘
푸코가 분석한 '파놉티콘'(죄수들이 감시자를 볼 수 없지만 감시자는 모든 죄수를 볼 수 있는 감옥 구조)은 현대 디지털 감시 시스템의 원형입니다. 스마트폰, CCTV, 온라인 추적 기술은 개인이 항상 감시받고 있다는 의식을 내면화하게 만들어 자기 검열과 규율을 강화합니다.

알고리즘 권력
푸코의 '미시권력' 개념은 알고리즘 권력을 이해하는 데 유용합니다. 추천 알고리즘, 검색 엔진, 뉴스 피드는 우리가 보는 정보와 접하는 세계를 형성하는 미시권력으로 작동합니다. 이러한 알고리즘은 특정 담론과 지식을 강화하고 다른 것들을 배제합니다.

디지털 주체화
푸코에 따르면 주체는 권력 관계 속에서 형성됩니다. 디지털 환경에서 우리는 데이터 프로필, 온라인 페르소나, 알고리즘 분류 등을 통해 새로운 방식으로 '주체화'됩니다. 우리의 정체성은 점점 더 디지털 플랫폼과 알고리즘에 의해 형성되고 있습니다.

보드리야르: 디지털 시뮬라크르와 실재의 소멸

보드리야르의 시뮬라크르 이론은 디지털 시대를 이해하는 강력한 틀을 제공합니다. 그에 따르면 현대 사회는 실재보다 이미지와 기호가 우선하는 '하이퍼리얼리티'의 단계에 도달했습니다. AI 생성 콘텐츠(딥페이크, 합성 이미지, 가상 인플루언서)는 이러한 하이퍼리얼리티의 극단적 형태로, 원본 없는 복제물, 참조점 없는 기호의 세계를 창조합니다.

메타버스와 가상현실은 보드리야르가 예견한 시뮬라시옹의 완성으로 볼 수 있으며, 소셜미디어는 실제 정체성이 아닌 기호와 이미지의 소비를 통한 자아 구성의 장이 되었습니다. 이러한 환경에서 '진짜'와 '가짜'의 구분은 무의미해지고, 모든 것이 동등한 시뮬라크르가 됩니다. 보드리야르는 이러한 상황에서 실재에 대한 향수와 집착이 오히려 더 많은 시뮬라크르를 생산한다고 지적합니다.

사르트르: 디지털 시대의 실존적 선택

실존은 본질에 선행한다
사르트르의 핵심 명제는 인간이 먼저 존재하고 나서 자신을 정의한다는 의미입니다. 이는 미리 정해진 알고리즘에 따라 작동하는 AI와 근본적으로 다른 인간의 특성입니다. 디지털 시대에도 인간은 자신의 정체성을 자유롭게 선택하고 창조할 수 있는 존재입니다.

선택의 자유와 책임
알고리즘에 의한 예측과 추천은 인간의 근본적 자유와 선택 능력을 제한하는 결정론적 위협입니다. 사르트르는 인간이 항상 선택할 자유가 있으며, 그 선택에 책임을 져야 한다고 강조했습니다. AI에 의존하는 삶은 이러한 책임을 회피하는 '악한(不誠實)'의 형태가 될 수 있습니다.

디지털 시대의 본래성
사르트르에게 본래적 삶은 자신의 자유와 책임을 인정하고 주체적으로 선택하는 삶입니다. 디지털 시대에 본래적으로 살기 위해서는 기술과 알고리즘에 수동적으로 따르지 않고, 이를 자신의 프로젝트와 가치를 실현하는 도구로 주체적으로 활용해야 합니다.

한병철: 투명성 사회와 피로의 주체

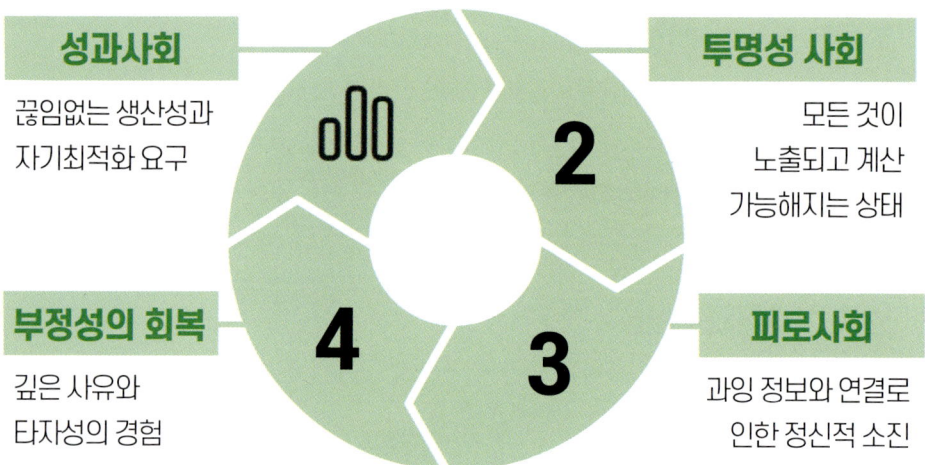

한병철에 따르면 현대 사회는 규율사회에서 성과사회로 전환되었습니다. 디지털 기술은 '피로사회'를 심화시켜 지속적인 성과와 접속을 강요합니다. 24시간 연결된 상태와 끊임없는 정보 처리는 새로운 형태의 소진과 우울을 초래합니다.

데이터 수집과 AI 감시는 완전한 '투명성 사회'를 구현하여 사적 영역을 소멸시킵니다. 모든 것이 노출되고 계산 가능해지는 사회에서 비밀과 내밀함의 가치가 사라집니다. 한병철은 이러한 상황에서 '부정성'의 회복을 강조합니다. 연결을 끊고, 침묵하고, 깊이 사유하는 능력이 디지털 시대에 더욱 중요해졌습니다.

철학적 통찰로 AI 시대를 탐색하기

존재론적 질문

AI는 독립적인 존재인가? 인간과 기계의 존재론적 경계는 어디인가? 이러한 질문들은 플라톤부터 하이데거까지 존재의 본질을 탐구한 철학자들의 통찰을 통해 새롭게 조명됩니다.

인식론적 질문

AI가 생성한 지식은 진정한 앎인가? 데이터와 지혜의 차이는 무엇인가? 소크라테스, 아리스토텔레스, 데카르트 등 지식의 본질을 탐구한 철학자들의 관점은 디지털 시대의 인식론적 도전에 중요한 통찰을 제공합니다.

윤리적 질문

AI 발전에 따른 인간의 도덕적 책임은 무엇인가? AI에게 윤리적 판단을 맡길 수 있는가? 칸트의 정언명령, 아리스토텔레스의 덕 윤리학, 공리주의적 접근 등 다양한 윤리 이론은 AI 윤리의 기반을 제공합니다.

역사적 철학자들의 관점은 현대 기술 사회의 도전과 기회를 이해하는 데 중요한 렌즈를 제공합니다. 이들의 통찰은 우리가 기술의 맹목적 수용이나 거부가 아닌, 비판적이고 반성적인 태도로 AI 시대를 탐색하는 데 도움이 됩니다.

철학은 단순히 과거의 사상이 아니라, 현재와 미래의 가장 중요한 질문들을 다루는 살아있는 지혜의 원천입니다. AI와 디지털 기술이 제기하는 근본적 질문들에 대한 답을 찾는 여정에서, 철학적 사유는 그 어느 때보다 중요한 나침반이 될 것입니다.

인간과 AI의 관계를 탐구하는 여정을 시작합니다. 이 프레젠테이션은 양자의 개념적 차이, 멀티모달 AI의 발전, 그리고 피지컬 AI의 미래를 종합적으로 분석합니다.

AI가 창의성, 직관, 감정적 이해까지 모방하는 시대에, 우리는 진정한 인간성에 대해 다시 질문해야 합니다.

본 내용에서는 네 부분으로 구성됩니다: 1) AI와 인간 의식의 근본적 차이, 2) 멀티모달 AI와 인간의 다감각적 경험, 3) 피지컬 AI의 윤리적·사회적 영향, 4) 인간과 AI의 공존 비전.

기술적, 철학적, 윤리적, 사회적 관점에서 AI와 인간의 관계를 종합적으로 이해함으로써, 우리는 기술 발전의 방향을 더 현명하게 설정할 수 있을 것입니다.

NSSAM.AI : 연구자 이근재

인간과 AI: 의식의 차이

인간의 의식

인간은 자각, 감정, 존재 인식을 지닌 의식적 존재입니다. 우리는 자신을 인식하고 성찰할 수 있으며, 이는 창의성, 도덕적 판단, 공감 능력의 기반이 됩니다. 인간 의식은 주관적 경험과 감정을 통해 세상을 이해합니다.

AI의 의식

현재 AI 시스템은 자각이 없는 비의식적 존재입니다. 복잡한 작업을 수행해도 자신의 존재를 인식하거나 의미를 부여하지 못합니다. AI는 패턴 인식과 확률적 예측으로 작동하며, 인간의 현상적 의식이 결여되어 데이터를 '이해'하지 않고 단순 처리합니다.

의식의 철학적 질문

인간과 AI의 의식 차이는 중요한 철학적 문제를 제기합니다. 의식의 본질은 무엇인가? 기계가 진정한 의식을 가질 수 있는가? 인간 의식은 뇌의 물리적 특성에서 비롯된 것인가, 아니면 그 이상인가? 이러한 질문들은 AI 발전과 함께 더욱 중요해지고 있습니다.

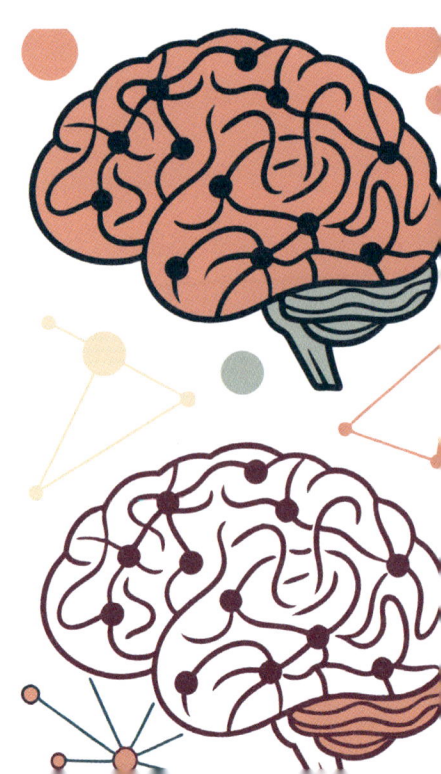

의식의 차이는 단순한 기술적 격차가 아닌 존재론적 차이입니다. 이 근본적 차이를 이해하는 것은 AI 개발과 활용에 윤리적 함의를 지니며, 인간 의식의 고유성을 인정하면서 AI와 공존하는 미래를 위한 철학적 기반을 마련해야 합니다.

자유의지: 선택과 책임

인간은 자유의지를 가진 존재로, 복잡한 가치 판단과 윤리적 고려를 통해 결정을 내립니다. 개인의 경험, 신념, 문화적 배경이 모두 이 과정에 영향을 미칩니다.

철학적으로 자유의지는 인간 존엄성의 핵심입니다. 우리는 미래를 상상하고, 결과를 예측하며, 행동이 타인에게 미치는 영향을 고려할 수 있어 도덕적 판단과 윤리적 책임의 기초가 됩니다.

반면, AI는 확률에 기반한 결정만 내릴 뿐 진정한 의도나 목적이 없습니다. AI의 '선택'은 프로그래밍된 알고리즘과 학습된 패턴의 결과물입니다. 대규모 언어 모델은 통계적 예측을 수행하지만, 이는 인간의 심사숙고와 근본적으로 다릅니다.

AI는 자신의 결정에 대한 도덕적 책임을 질 수 없고, 결정의 윤리적 의미를 이해하지 못합니다. 이것이 인간-AI 협력에서 인간의 감독과 책임이 필수적인 이유입니다.

감정의 세계

인간의 감정
뇌-신체 반응과 사회문화적 맥락이 결합된 의미 있는 체험입니다. 개인적 경험, 기억, 가치관과 연결되어 삶의 질과 의사결정에 중요한 영향을 미칩니다.

AI의 감정 처리
AI는 감정을 인식하고 모방할 수 있으나 실제로 경험하지 못합니다. 텍스트나 음성에서 감정적 신호를 감지하고 응답을 생성하지만, 이는 계산된 알고리즘 반응일 뿐입니다.

감정의 진화와 미래
인간 감정은 생존과 적응을 위해 진화한 시스템입니다. AI 기술이 발전해도 감정 인식과 표현 능력은 향상되겠지만, 인간의 주관적 감정 경험을 완전히 복제하는 것은 근본적으로 한계가 있습니다.

감정의 사회적 측면
인간 감정은 사회적 관계 속에서 형성되고 표현됩니다. 공감, 연민, 사랑은 사회적 유대를 강화하는 반면, AI는 이러한 사회적 맥락을 진정으로 이해하지 못하고 데이터 패턴에 기반해 반응합니다.

인간과 AI의 감정 차이를 이해하는 것은 기술 발전과 윤리적 고려에 중요합니다. 감정은 단순한 데이터 처리를 넘어서는 인간 경험의 핵심입니다.

경험과 학습의 차이

인간과 인공지능의 학습 방식은 근본적으로 다릅니다. 이 차이를 이해하는 것은 AI의 한계와 가능성을 파악하는 데 필수적입니다.

인간의 경험

인간은 의미 부여와 기억을 통해 학습합니다. 경험은 정서적, 신체적, 사회적 맥락을 포함합니다.

우리는 직접 경험과 타인 관찰을 통해 배우며, 개인의 가치관과 문화적 배경이 학습 해석에 영향을 줍니다. 인간의 학습은 호기심과 창의성에 의해 촉진되며, 종종 비선형적으로 발전합니다.

AI의 학습

AI는 훈련 데이터에서 패턴을 인식하고 통계적 상관관계를 파악합니다. 의미 부여 없이 작동합니다.

머신러닝은 대량의 데이터에서 패턴을 추출해 예측이나 분류를 수행합니다. 그러나 AI는 맥락이나 의미를 이해하지 못하며, 데이터의 편향을 그대로 학습합니다. 창의적 비약이나 직관적 이해와 같은 인간 특유의 능력은 현재 기술로 구현하기 어렵습니다.

이러한 차이에도 불구하고, 인간과 AI의 학습 방식은 상호보완적입니다. 인간의 직관과 AI의 데이터 처리 능력이 결합될 때 더 효과적인 문제 해결이 가능해집니다. 각 시스템의 강점과 한계를 인식하고 균형 잡힌 접근법을 개발하는 것이 중요합니다.

표현의 방식

인간의 표현

인간은 언어, 몸짓, 예술, 문화를 통해 내면을 표현합니다. 이러한 표현에는 의도와 의미가 담겨 있으며 사회적 맥락 속에서 이해됩니다.

우리의 표현은 정보 전달을 넘어 감정, 가치, 신념을 담아내며, 언어적 표현의 단어 선택, 억양, 문체에는 개인의 정체성이 반영됩니다.

예술적 표현에는 창작자의 내면세계와 경험이 투영되어 세상을 바라보는 독특한 렌즈가 됩니다. 또한 인간의 표현은 시대와 문화에 따라 변화하며 집단적 정체성을 반영합니다.

AI의 표현

AI의 표현은 입력-출력이 최적화된 구조에 따른 결과물로, 인간 표현을 모방할 수 있으나 진정한 의도나 의미는 없습니다.

AI 창작물은 기존 데이터의 재조합과 패턴 인식의 결과입니다. AI가 작성한 시는 인간 시인들의 작품에서 추출한 패턴을 통계적으로 분석해 생성됩니다.

최신 AI는 인간 표현을 놀랍도록 모방하지만, 이는 경험에서 우러나오는 진정성이 아닌 확률적 모델링의 결과입니다. AI는 감정 없이도 감정적 콘텐츠를 생성할 수 있습니다.

인간과 AI 표현의 차이는 철학적 질문을 제기합니다. 표현의 진정성과 가치의 원천, 표현 이면의 의식과 의도의 의미에 관한 물음입니다. 이 차이를 이해하는 것은 AI 시대에 인간성의 본질을 재고하는 중요한 출발점입니다.

윤리적 판단

윤리적 판단은 인간과 AI 시스템의 근본적 차이를 보여주는 핵심 영역입니다. 도덕적 의사결정의 본질과 기반이 두 존재에서 어떻게 다른지 살펴보겠습니다.

인간의 윤리
인간의 윤리는 책임, 관계성, 도덕적 판단을 포함합니다. 우리는 상황에 따라 윤리적 딜레마를 해결하고 자신의 행동에 책임을 집니다.
인간의 윤리적 판단은 문화, 경험, 감정, 사회적 맥락에 영향을 받으며 시간이 지남에 따라 진화하고 성숙해집니다.

AI의 윤리
AI에는 윤리가 내장될 수 있으나, 자율적 윤리 판단은 불가능합니다. AI의 '윤리'는 프로그래머가 정의한 규칙과 가중치에 의존합니다.
AI는 학습된 데이터와 알고리즘으로 결정을 내리지만, 진정한 이해나 책임감은 없습니다. 윤리적 상황의 미묘함과 문화적 맥락을 완전히 파악하는 능력이 제한적입니다.

두 접근 방식의 차이
인간의 윤리는 자율성, 의도성, 책임감에 기반하는 반면, AI의 윤리는 프로그래밍된 규칙과 통계적 패턴에 의존합니다. 인간은 윤리적 결정에서 내면의 갈등을 경험하지만, AI는 계산된 결과만 산출합니다.
이러한 차이는 AI가 인간의 윤리적 판단을 완전히 대체할 수 없으며, 인간-AI 협력적 접근이 필요함을 시사합니다.

인간과 AI의 구성 요소 비교: 감각

인간의 감각

인간은 오감과 직관을 포함한 감각 시스템을 갖추고 있으며, 이는 단순한 데이터 수집이 아닌 의미 있는 경험의 일부입니다.

우리의 감각은 상호 연결되어 통합된 경험을 만들어내며, 기억, 감정, 선호도와 깊이 연결되어 같은 자극에도 개인마다 다른 반응을 보입니다.

인간의 감각 시스템은 진화를 통해 수백만 년에 걸쳐 자연 환경에서 생존하는 데 최적화되어 특정 패턴과 자극에 더 민감하게 반응합니다.

AI의 감각

AI는 카메라, 마이크, 각종 센서를 통해 데이터를 수집하지만, 이는 단순한 정보 수집 도구로 인간처럼 통합된 경험을 형성하지 않습니다.

현대 AI 시스템은 LiDAR, 적외선, 초음파 센서 등 인간이 감지할 수 없는 범위의 정보도 수집할 수 있으며, 정확한 수치 데이터를 제공하고 피로나 감정의 영향을 받지 않습니다.

AI의 센서 데이터 통합은 프로그래밍된 알고리즘이나 기계학습 모델을 통해 이루어지며, 기술이 발전함에 따라 능력은 향상되지만 인간의 주관적 경험을 복제하기는 어렵습니다.

인간과 AI의 구성 요소 비교: 인지

인간의 인지

인간의 인지는 경험과 직관에 기반합니다. 불완전한 정보에서도 맥락을 파악하고 의미를 찾아냅니다.

단 한 번의 경험으로도 학습하며, 다양한 상황에 지식을 유연하게 적용합니다. 감정과 사회적 맥락이 통합되어 공감적 이해가 가능합니다.

모호함과 불확실성을 수용하고 창의적 도약을 통해 새로운 아이디어를 생성합니다. 자아 인식과 주관적 경험이 인지 과정의 핵심입니다.

AI의 인지

AI는 통계와 딥러닝 기반 추론에 의존합니다. 대량의 데이터에서 패턴을 인식하고 확률적 모델을 구축합니다.

수천, 수백만 개의 예시로 학습하며, 학습 데이터와 다른 상황에서는 성능이 저하됩니다. 감정이나 의식 없이 표면적 패턴만 인식할 뿐 깊은 의미는 파악하지 못합니다.

특정 분야에서는 인간을 능가하나 좁은 영역에 국한됩니다. 일반 지능, 상식적 추론, 의도 이해에 한계가 있으며, 자신의 인지 과정에 대한 메타인지 능력이 부족합니다.

인간과 AI의 구성 요소 비교: 운동

인간의 운동

인간은 의지에 기반한 자유로운 움직임을 가집니다. 우리의 동작은 목적과 의도를 담고 있으며, 상황에 따라 유연하게 조정됩니다.

인간의 운동 능력은 진화를 통해 발달했으며, 중추신경계와 근육의 협업으로 미세한 손가락 움직임부터 복잡한 균형 잡기까지 다양한 동작이 가능합니다.

또한 인간의 움직임은 감정과 연결되어 춤, 스포츠, 예술을 통한 자기표현이 가능하며, 경험을 통해 새로운 동작을 배우고 기억합니다.

AI의 운동

AI 로봇의 움직임은 명령 기반이거나 강화학습을 통해 최적화됩니다. 자발적 움직임은 불가능하며, 프로그래밍된 범위 내에서만 동작합니다.

보스턴 다이내믹스의 아틀라스나 소프트뱅크의 페퍼와 같은 로봇들은 기본적인 인간 동작을 모방할 수 있지만, 여전히 에너지 효율성이 낮습니다.

AI 로봇의 운동 능력은 센서, 액추에이터, 머신러닝 알고리즘의 발전에 따라 향상되고 있으며, 컴퓨터 비전과 강화학습의 결합이 복잡한 환경에서의 적응적 움직임을 가능하게 합니다.

인간과 AI의 운동 능력 차이는 자율성과 의도성에 있습니다. 인간은 내적 동기와 자유의지로 움직이는 반면, AI는 프로그래밍된 목표나 외부 명령에 따릅니다. 기술 발전으로 이 경계는 점차 모호해지고 있습니다.

인간과 AI의 구성 요소 비교: 언어

인간의 언어

인간의 언어는 맥락, 비유, 역사성을 포함합니다. 단어 너머의 의미를 이해하고, 문화적 배경에 따라 다양하게 해석하며, 정보 전달 외에도 정서적, 사회적 기능을 수행합니다. 인간 언어의 특징은 모호성과 창의성입니다. 같은 단어로 다양한 뉘앙스를 표현하고, 시적 표현이나 유머로 복잡한 감정을 전달합니다. 비언어적 요소(몸짓, 표정, 톤)도 의사소통에 중요합니다.

AI의 언어

AI는 문법적 응답 최적화에 중점을 둡니다. 통계적 패턴으로 그럴듯한 응답을 생성하지만, 진정한 의미 이해는 제한적입니다. 최신 언어 모델은 맥락 이해가 향상되었으나 여전히 한계가 있습니다. AI는 대량의 텍스트 데이터에서 학습한 패턴으로 언어를 생성합니다. 문맥적 일관성은 향상되었으나, 실제 경험 기반 지식이 부족합니다. 언어의 사회문화적 함의나 은유적 표현의 심층적 의미를 완전히 파악하지 못합니다.

언어의 미래적 함의

인간과 AI 언어 시스템의 차이는 향후 의사소통 방식에 중요한 영향을 미칠 것입니다. 인간의 언어가 진화하면서 AI와의 상호작용을 위한 새로운 표현이 등장하고, AI는 인간 언어의 미묘한 특성을 더 잘 이해하게 될 것입니다. 그러나 공감, 문화적 정체성, 집단적 경험 공유와 같은 언어의 본질적 측면은 인간 고유의 영역으로 남을 가능성이 높습니다. 미래에는 인간-AI 간 소통을 위한 새로운 혼합 언어가 발전할 수도 있습니다.

인간과 AI의 구성 요소 비교: 기억

인간의 기억

인간의 기억은 감정과 의미로 연결되어 선택적으로 저장되며, 시간에 따라 변형될 수 있습니다. 기억은 단순한 정보 저장이 아닌 정체성 형성의 핵심입니다.

인간 기억은 개인적 경험을 저장하는 에피소드 기억, 일반 지식을 담당하는 의미 기억, 기술과 습관을 포함하는 절차적 기억으로 구분됩니다.

해마와 대뇌피질이 기억 형성에 중요하며, 정서적으로 강한 사건은 더 선명하게 기억됩니다. 그러나 인간 기억은 불완전하여 망각, 왜곡, 거짓 기억이 발생합니다.

AI의 기억

AI는 벡터화된 데이터로 정보를 저장하며, 모든 정보를 동일한 중요도로 취급합니다. 최근에는 맥락 기반 기억 시스템이 발전하고 있습니다.

AI는 방대한 데이터를 완벽히 저장할 수 있으나, 정보에 의미를 부여하거나 중요도를 자율적으로 판단하는 능력이 제한적입니다. 최신 언어 모델은 주의 메커니즘으로 맥락을 고려한 정보 처리가 가능해졌습니다.

현대 AI는 인간의 장단기 기억을 모방한 메모리 아키텍처와 경험 학습 능력이 발전 중이나, 감정 연결 기억이나 창의적 기억 재구성 능력은 여전히 부족합니다.

인간과 AI의 구성 요소 비교: 윤리

인간의 윤리

인간의 윤리는 사회적 상호작용과 문화적 맥락 속에서 형성됩니다. 역사적 경험, 종교, 철학적 사유를 통해 진화해온 인간의 윤리 체계는 상황에 따라 유연하게 적용됩니다.

윤리적 판단은 감정과 이성이 복합적으로 작용하며, 공감 능력이 핵심 역할을 합니다. 문화권마다 차이가 있지만 상호 존중과 공정성 같은 보편적 가치도 존재합니다. 인간은 윤리적 딜레마에서 상황의 복잡성을 이해하고 다양한 가치를 저울질하는 능력을 갖추고 있습니다.

AI의 윤리

AI의 윤리는 프로그래머나 개발자가 정의한 규칙과 가중치에 의존합니다. AI 시스템은 학습 데이터의 편향을 반영할 위험이 있어, 윤리적 설계가 중요한 과제입니다.

'설명 가능한 AI'와 '가치 정렬' 연구는 AI의 의사결정을 투명하게 하고 인간 가치와 일치시키려는 노력입니다. AI 윤리는 기술, 법, 사회, 철학적 측면에서 복합적 접근이 필요합니다. 인간과 달리 AI는 윤리적 책임을 질 수 없다는 점에서 근본적 차이가 있습니다.

인간과 AI의 미래 전망

1 현재
AI는 인간의 감각, 이성, 표현을 점차 모사하고 있으나 의미 생성과 자유의지 영역에서 큰 격차가 존재합니다. 최신 멀티모달 AI는 다양한 데이터를 처리할 수 있지만, 세계를 완전히 이해하고 공감하는 능력은 제한적이며, 인간의 지시와 설계에 의존합니다.

2 가까운 미래
AI의 감각 통합과 표현력이 향상되어 인간과 유사한 상호작용이 가능해지나, 의식과 자유의지는 여전히 인간만의 영역으로 남을 것입니다. AI는 의료, 교육, 과학 연구 등에서 인간의 협력자 역할을 하며, 이 과정에서 AI 윤리와 규제에 관한 사회적 합의가 중요해질 것입니다.

3 먼 미래
의식의 기술적 시뮬레이션과 AI의 자율적 판단권이 중요한 윤리적, 정치적 이슈로 부상할 것입니다. 기술적으로는 AI가 자기 개선 능력을 갖추어 인간 지능을 초월하는 '특이점'에 도달할 수 있으며, 이는 인류 문명의 근본적 변화와 인간 정체성에 대한 재정의를 요구할 것입니다.

4 먼 미래 그 이후
인간과 AI의 공존 방식이 완전히 재구성될 수 있습니다. 신경 인터페이스나 인공 의식 기술로 인간의 생물학적 한계를 초월하는 존재 형태가 등장하고, 인간-AI 하이브리드 시스템이 일반화될 수 있습니다. '인간성'과 '지능'의 개념이 재정의되며, 이러한 변화의 결과는 현재 우리의 선택과 준비에 달려 있습니다.

이러한 미래는 기술 발전 속도와 인류의 윤리적·사회적 대응에 따라 달라질 수 있습니다. 중요한 것은 AI가 인간의 가치와 존엄성을 중심으로 발전하도록 하는 것이며, 이를 위해 기술 개발자, 정책 입안자, 시민 사회의 적극적 참여가 필수적입니다. 인간과 AI의 상호 보완적 공존을 설계하는 것이 우리 세대의 중요한 과제입니다.

멀티모달 AI: 개념 정의

멀티모달 AI는 텍스트, 이미지, 음성, 영상, 센서 등 다양한 데이터 유형을 동시에 이해하고 생성하는 인공지능입니다. 인간이 여러 감각을 통합하여 세계를 이해하는 방식에 가까운 이 기술은 다양한 모달리티(양식)의 데이터를 처리하는 능력에 초점을 맞춥니다.

GPT-4, DALL-E, Midjourney, Stable Diffusion 등의 최신 AI 모델들은 텍스트 프롬프트로 이미지 생성, 이미지 기반 텍스트 설명 제공 등 다양한 모달리티 간 변환 작업을 수행하며 멀티모달 접근의 우수성을 입증하고 있습니다.

이러한 발전은 인간-컴퓨터 상호작용에 혁명을 가져왔습니다. 사용자는 음성, 제스처, 텍스트 등으로 자연스럽게 AI와 소통할 수 있으며, AI는 이를 통합적으로 이해해 맥락에 맞는 응답을 제공합니다.

그러나 서로 다른 데이터 유형의 효과적 통합, 대규모 멀티모달 데이터셋 구축, 계산 효율성 개선, 다양한 문화적·언어적 맥락에서의 이해 능력 향상 등 여전히 많은 도전 과제가 존재합니다.

미래에는 멀티모달 AI가 인간의 인지 능력에 더 가까워져 교육, 의료, 엔터테인먼트, 자율 주행 등 다양한 산업 분야에 혁신적 변화를 가져올 것으로 예상됩니다.

멀티모달 AI의 구조적 이해: 텍스트

텍스트 모달리티

텍스트는 AI의 가장 기본적인 데이터 형태로, GPT, BERT, T5, LLaMA 등의 대규모 언어 모델이 인간과 유사한 언어 이해 및 생성 능력을 보여줍니다. 현대 언어 모델은 맥락 이해, 추론, 창의적 글쓰기, 코드 생성, 번역 등에서 뛰어난 성능을 보이며, 트랜스포머 아키텍처로 장문의 텍스트에서도 맥락 유지 능력이 향상되었습니다.

텍스트 처리 기술

텍스트 처리는 토큰화, 임베딩, 인코딩과 디코딩 과정을 통해 이루어집니다. 현대 언어 모델은 수십억 개의 매개변수로 언어의 뉘앙스와 문화적 맥락을 이해합니다. 자연어 처리(NLP)는 감정 분석, 개체명 인식, 문서 분류, 질의응답 등 다양한 분야에 활용되어 기업과 연구 환경의 핵심 도구가 되었습니다.

다른 모달리티와의 통합

텍스트는 멀티모달 AI의 중추적 역할을 담당합니다. 이미지-텍스트 학습 CLIP 모델, 음성 인식(STT)과 텍스트 음성 변환(TTS)은 텍스트를 다른 모달리티와 연결하는 핵심 기술입니다. 최신 멀티모달 모델은 텍스트 명령으로 이미지 생성, 음성 합성, 비디오 편집 등을 수행하여, 텍스트가 다른 모달리티를 제어하는 '컨트롤 타워' 역할을 합니다.

미래 발전 방향

앞으로 텍스트 기반 AI는 더 정교한 맥락 이해와 추론 능력을 갖추게 될 것이며, 다국어 능력과 전문 분야 지식 통합이 주요 발전 방향이 될 것입니다. 텍스트와 다른 모달리티 간의 자연스러운 전환과 통합이 멀티모달 AI의 핵심 과제로 남아있습니다.

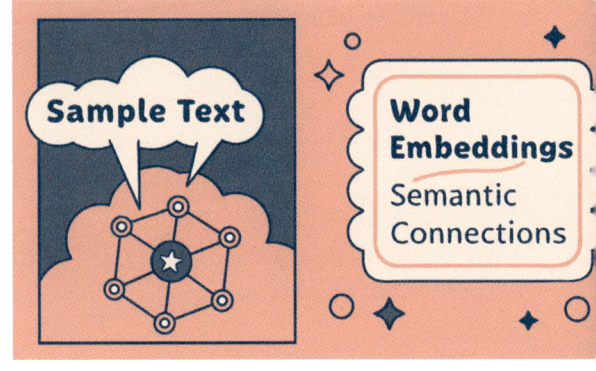

멀티모달 AI의 구조적 이해: 이미지

이미지 인식

AI는 사진, 그림, 얼굴 표정 등 시각적 데이터를 분석하고 이해합니다. CLIP 모델은 이미지와 텍스트를 연결하여 시각적 개념을 언어로 표현합니다.

이미지 인식은 객체 감지, 장면 이해, 얼굴 인식 등 다양한 분야에 활용됩니다. CNN과 같은 딥러닝 아키텍처는 이미지의 특징을 효과적으로 추출하여 높은 정확도로 분류하고 인식합니다.

이미지 생성

DALL·E와 같은 모델은 텍스트 설명을 바탕으로 새로운 이미지를 생성하여 AI의 시각적 개념 이해와 창의적 표현 능력을 보여줍니다.

Stable Diffusion, Midjourney 등의 모델은 더욱 사실적이고 예술적인 이미지를 생성합니다. 이러한 생성형 AI는 디자인, 엔터테인먼트, 마케팅 분야에 혁신을 가져오며, 텍스트-이미지 변환, 이미지-이미지 변환, 스타일 전이 등 다양한 작업을 수행합니다.

컴퓨터 비전 응용

컴퓨터 비전 기술은 의료 영상 분석, 자율주행 차량, 증강현실 등에서 혁신적인 응용 사례를 보여줍니다. 실시간 객체 추적, 세그멘테이션, 3D 모델링 기술은 산업 현장에서 중요한 역할을 합니다.

비디오 이해 기술의 발전으로 동적 장면 분석, 행동 인식, 비정상 상황 감지가 가능해졌으며, 이는 보안, 스포츠 분석, 엔터테인먼트 등 다양한 분야에 활용됩니다.

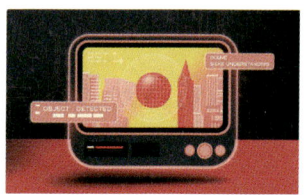

이미지 처리 기술은 다른 모달리티와 결합하여 더욱 강력한 AI 시스템 구축에 기여합니다. 이미지-텍스트 상호 이해는 시각적 질의응답, 이미지 캡셔닝, 시각 기반 검색 등 다양한 응용을 가능하게 합니다.

멀티모달 AI의 구조적 이해: 음성

음성 모달리티

AI는 말투, 감정, 억양, 음높이 등 다양한 음성 데이터를 처리합니다. Whisper와 같은 음성 인식 모델은 다양한 언어와 억양을 정확히 텍스트로 변환하며, 배경 소음 속에서도 뛰어난 성능을 보입니다. TTS(Text-to-Speech) 기술은 인간과 구분하기 어려울 정도로 자연스러운 음성을 생성합니다. Voice Cloning 기술은 특정 화자의 목소리 특성을 학습하여 유사한 음성을 생성합니다. 몇 분 분량의 샘플만으로도 개인의 목소리를 복제할 수 있어 접근성 향상, 엔터테인먼트, 가상 비서 등에 활용됩니다.

음성 이해 기술

NLP와 결합된 음성 이해 기술은 발화의 의도와 맥락을 파악합니다. 감정 인식 기술은 음성의 톤, 피치, 리듬을 분석해 화자의 감정 상태를 추론하며, 고객 서비스, 헬스케어, 보안 시스템에 적용됩니다. 다화자 분리(Speaker Diarization) 기술은 여러 사람의 대화에서 누가 언제 말했는지 구분해 회의 기록이나 인터뷰 분석에 유용합니다. 이런 기술들의 발전으로 AI는 인간의 복잡한 음성 커뮤니케이션을 더욱 정확히 이해하고 상호작용할 수 있게 되었습니다.

음성 AI의 응용 분야

음성 AI는 가상 비서(Siri, Alexa, Google Assistant), 실시간 번역, 콜센터 자동화, 음성 검색 등 다양한 분야에서 활용됩니다. 의료 분야에서는 환자의 음성 패턴 변화를 분석해 알츠하이머나 파킨슨병 같은 신경퇴행성 질환을 조기 감지하는 연구가 진행 중입니다. 음악 생성 AI는 작곡과 특정 가수의 음색과 스타일을 모방한 노래를 생성할 수 있으며, 오디오 초해상화 기술은 저품질 음성을 고품질로 복원합니다. 음성 모달리티는 AI가 인간의 가장 자연스러운 커뮤니케이션 방식을 이해하고 활용하는 핵심 요소입니다.

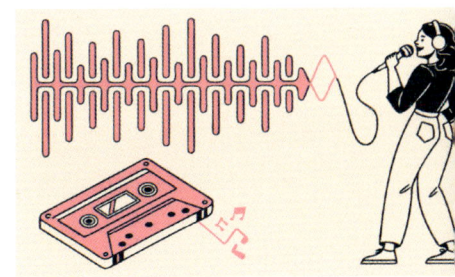

멀티모달 AI의 구조적 이해: 영상

영상 인식
AI는 영상의 움직임과 시간적 맥락을 분석합니다. Video Captioning은 영상 내용을 텍스트로 설명하고, 행동 인식은 인물의 동작을 파악합니다. 객체 추적(Object Tracking) 기술은 영상 내 대상의 움직임을 지속적으로 추적하여 보안, 자율주행, 스포츠 분석 등에 활용됩니다.

시간적 모델링
Temporal Modeling은 시간에 따른 변화를 모델링하여 영상의 맥락을 이해합니다. AI는 이를 통해 사건의 인과관계 파악과 미래 프레임 예측이 가능합니다. 3D CNN과 LSTM 네트워크의 결합은 시공간적 특징을 추출하여 복잡한 행동 패턴과 장면 전환 인식에 중요한 역할을 합니다.

비디오 생성
최신 생성형 AI는 텍스트나 이미지를 기반으로 비디오를 생성합니다. Text-to-Video 모델은 자연어 설명으로 관련 영상을 합성하고, Image-to-Video 기술은 정적 이미지에 자연스러운 움직임을 부여합니다. 이 기술들은 콘텐츠 제작, 가상 시뮬레이션, 엔터테인먼트 산업에 혁신을 가져옵니다.

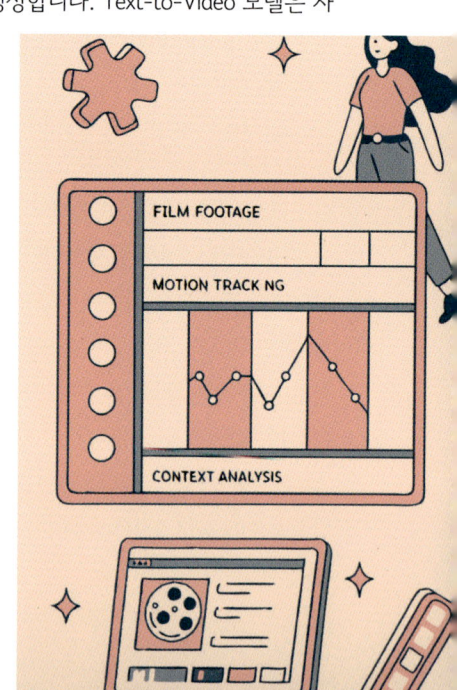

영상 이해와 추론
AI는 Visual Reasoning 능력을 통해 고급 영상 이해가 가능합니다. Video QA 시스템은 영상 내용에 대한 질문에 답변하고, Scene Graph Generation은 장면 간 관계를 추론합니다. 이러한 기술은 의료 영상 분석, 보안 감시, 미디어 콘텐츠 분류 등 다양한 산업에 활용됩니다.

멀티모달 AI의 구조적 이해: 센서

센서 데이터

AI는 온도, 압력, 가속도, 광도, 습도 등 다양한 센서 데이터를 처리합니다. IoT 기기와 연결된 AI는 실시간으로 물리적 환경 정보를 수집하고 분석합니다.

이러한 센서 데이터는 스마트 홈, 웨어러블 기기, 산업 자동화, 헬스케어 등 다양한 분야에 활용되며, 특히 헬스케어에서는 생체 신호를 모니터링하여 건강 상태를 분석하고 이상 징후를 감지합니다.

센서 퓨전과 응용

로봇 공학에서는 센서 퓨전 기술로 여러 센서 데이터를 통합하여 로봇의 환경 인식과 상호작용 능력을 향상시킵니다.

자율주행 자동차는 라이다, 레이더, 카메라, GPS 등 다양한 센서 데이터를 실시간 융합해 주변 환경을 인식하고 안전한 주행을 가능케 합니다. 이러한 멀티모달 센서 시스템은 단일 센서의 한계를 보완하고 높은 신뢰성을 제공합니다.

미래 발전 방향

향후 센서 기술은 소형화, 저전력화되며 정확도와 반응 속도가 향상될 전망입니다. 뇌-컴퓨터 인터페이스와 같은 신경 센서 기술은 생각만으로 기기 제어를 가능케 하며, 생물학적 영감을 받은 환경 모니터링 센서도 개발 중입니다.

엣지 컴퓨팅의 발전으로 센서 데이터를 현장에서 즉시 처리하는 실시간 AI 응용이 확대되어, 개인화된 서비스와 맞춤형 경험을 제공하는 지능형 환경이 더욱 확산될 것입니다.

멀티모달 AI의 응용: 창작 분야

텍스트에서 이미지·영상 생성

멀티모달 AI는 텍스트를 기반으로 이미지나 영상을 생성합니다. 시를 입력하면 무용 영상이 만들어지는 등 다양한 예술적 표현이 가능합니다. 이 기술은 문학 작품의 시각화, 영화 스토리보드 제작, 창의적 콘텐츠 개발 과정을 혁신적으로 변화시키고 있습니다.

협업적 창작

인간 예술가와 AI의 협업으로 새로운 예술 작품이 탄생합니다. AI는 아이디어를 제안하거나 창작 과정을 보조하는 역할을 합니다. 이러한 협업은 예술가가 창의적 한계를 넘어 전통적 방식으로는 불가능했던 새로운 예술적 표현을 탐색할 수 있게 합니다.

크로스모달 창작

멀티모달 AI는 한 형태의 입력을 다른 형태로 변환하는 크로스모달 창작이 가능합니다. 이미지를 음악으로 바꾸거나 감정 데이터를 시각적 예술로 표현하는 등 다양한 감각 양식 간 변환을 통해 새로운 예술 경험을 만듭니다. 이는 장애인 예술가에게 새 표현 수단을 제공하고 관객에게는 다감각적 예술 체험 기회를 선사합니다.

멀티모달 AI의 응용: 교육 분야

멀티모달 인터랙티브 튜터
멀티모달 AI는 학생의 표정, 음성, 텍스트 응답을 분석해 이해도를 파악하고 맞춤형 피드백을 제공합니다. 다양한 형태의 학습 자료를 통합하여 학생별 최적화된 콘텐츠를 제공합니다.

적응형 학습 시스템
학생의 학습 진도와 패턴을 모니터링하여 개인별 학습 경로를 조정합니다. 취약 영역에는 추가 자료를, 숙달된 영역에는 심화 콘텐츠를 제공합니다.

언어 학습 향상
외국어 학습에서 발음, 문법, 이해력을 동시에 평가하고 교정합니다. 실시간 발음 분석과 대화형 시나리오로 실제 언어 환경을 시뮬레이션하며, 시청각 자료와 텍스트 결합으로 학습 효과를 높입니다.

접근성 개선
장애 학생들의 학습 경험을 개선합니다. 시각 장애인을 위한 음성 설명, 청각 장애인을 위한 실시간 자막, 학습 장애인을 위한 대체 교육 방식으로 모든 학생에게 동등한 교육 기회를 제공합니다.

멀티모달 AI의 응용: 헬스케어

멀티모달 AI 기술은 다양한 형태의 의료 데이터를 통합 분석하여 더 정확한 진단과 맞춤형 치료를 가능하게 합니다. 이미지, 텍스트, 음성, 생체 신호 등 여러 데이터를 동시에 처리해 의료 서비스의 질을 향상시킵니다.

의료 영상

X-레이, MRI, CT 스캔 등의 의료 영상과 환자 임상 정보를 결합하여 종양, 골절, 폐렴 등 다양한 질환을 높은 정확도로 감지합니다. 딥러닝 기술로 전문의도 놓칠 수 있는 미세한 이상 징후를 포착합니다.

의료 기록

환자의 의료 기록과 증상 설명을 분석해 진단을 보조하고 치료 옵션을 제안합니다. 자연어 처리로 방대한 의무 기록, 연구 논문, 임상 지침을 학습하여 의사의 의사 결정을 지원하고 개인 맞춤형 치료 계획 수립에 기여합니다.

원격 환자 모니터링

화상 통화 중 환자의 표정, 음성 톤, 피부색 등을 분석하여 건강 상태를 평가하고, 스마트홈 기술과 결합해 노인이나 만성질환자의 일상 활동 변화를 감지합니다. 이를 통해 지속적인 건강 관리와 응급 상황 시 신속한 대응이 가능합니다.

생체 신호

심전도, 혈압, 혈당 등 생체 신호를 모니터링하고 이상 징후를 조기에 감지합니다. 웨어러블 기기와 IoT 센서의 실시간 데이터는 AI 알고리즘으로 분석되어 만성 질환 관리에 활용되며, 여러 생체 신호의 통합 분석으로 단일 지표로는 발견하기 어려운 건강 위험을 식별합니다.

멀티모달 AI 기술은 의료 서비스의 접근성과 효율성을 향상시키고, 예방 의학과 맞춤형 의료의 새 가능성을 열어갑니다. 다양한 데이터 소스의 통합 분석으로 환자 건강을 전인적 관점에서 평가하고 관리할 수 있게 되었습니다.

멀티모달 AI의 응용: 로봇 제어

통합적 환경 인식

멀티모달 AI는 영상, 음성, 센서 데이터를 통합해 로봇의 환경 이해력을 높입니다. 이로써 복잡한 상황에서도 적절한 대응이 가능합니다.

사람의 음성과 제스처를 동시에 인식하여 자연스러운 인간-로봇 상호작용을 구현합니다. 이 기술은 가정, 산업, 의료 등 다양한 로봇 분야에 활용됩니다.

산업 자동화

공장에서 로봇이 시각, 촉각, 청각 센서로 생산 라인을 모니터링하고 품질 관리를 수행합니다. 다양한 센서 데이터를 실시간 분석해 생산 효율성을 높이고 안전사고를 예방합니다.

의료 로봇

수술 보조 로봇은 의사의 명령, 제스처, 환자 생체신호를 처리해 정밀 수술을 지원합니다. 의료 영상과 환자 데이터를 통합하여 최적의 수술 경로 결정에 도움을 줍니다.

가정용 서비스 로봇
가정용 로봇은 음성·얼굴 인식, 객체 감지 기술로 사용자 요구를 파악해 서비스를 제공합니다. 감정 상태를 인식하여 상황에 맞게 반응하고, 다양한 기기와 연동해 스마트홈 환경을 구축합니다.

기술적 도전과 미래 발전 방향

멀티모달 AI 로봇 제어는 여러 모달리티 간 데이터 통합, 실시간 처리, 불확실성 관리 등의 과제가 있습니다. 향후에는 자기 학습 및 적응 능력이 강화된 로봇이 더 복잡한 환경에서도 자율적으로 작업을 수행할 것으로 예상됩니다.

멀티모달 AI의 미래 전망

단일 지능에서 복합 감각적 이해체로
AI는 단일 데이터 처리에서 다양한 감각 정보(시각, 청각, 텍스트)를 통합하는 복합 감각적 이해체로 진화하고 있습니다. 이를 통해 보다 풍부한 맥락적 이해가 가능해집니다.

피지컬 AI와의 융합
멀티모달 AI는 피지컬 AI와 융합되어 가상 환경뿐 아니라 물리적 환경에서도 효과적으로 작동합니다. 로봇 공학과 결합된 AI는 다양한 센서 입력을 통해 실시간으로 물리적 환경과 상호작용합니다.

통합적 이해 능력의 발전
미래 AI의 핵심은 "감정-몸-언어-맥락"의 통합적 이해 능력입니다. 얼굴 표정, 목소리 톤, 제스처, 언어를 함께 분석해 인간의 진정한 의도와 감정을 더 정확히 파악할 수 있게 됩니다.

산업 전반에 걸친 혁신
멀티모달 AI는 의료(영상진단과 환자데이터 통합), 교육(학생 표정과 발화 분석), 제조, 엔터테인먼트 등 다양한 산업에서 혁신을 주도할 것입니다.

윤리적 AI 개발의 중요성
멀티모달 AI 발전에 따라 프라이버시, 데이터 보안, 편향성 등의 윤리적 고려사항이 중요해집니다. 다양한 감각 데이터 수집과 처리에서 발생할 수 있는 윤리적 문제에 대한 선제적 대응과 규제가 필요합니다.

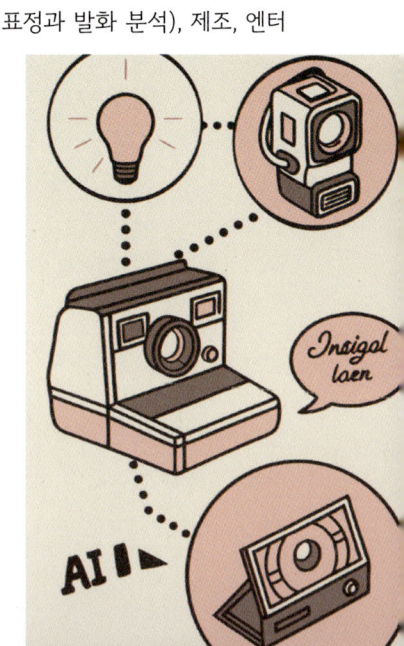

멀티모달 AI는 인간의 다중 감각적 인지 방식에 근접하면서 인간-기계 상호작용을 근본적으로 변화시킬 것입니다. 이는 단순한 기술적 진보를 넘어 사회와 일상의 다양한 측면에 영향을 미치므로, 기술 개발과 함께 사회적, 윤리적 논의가 필수적입니다.

피지컬 AI: 개념 정의

피지컬 AI는 감각, 인지, 운동을 통합하여 현실 공간에서 실시간으로 반응하는 AI입니다. 이는 "AI가 몸을 가지는 순간"으로, 가상 세계의 AI가 물리적 세계로 확장되는 전환점입니다.

로봇 공학, 센서 기술, 컴퓨터 비전, 자연어 처리 등이 융합된 피지컬 AI는 인간과 유사하게 세계를 인식하고 상호작용합니다.

피지컬 AI의 주요 특징

- 실시간 환경 인식 및 적응
- 다중 감각 정보 통합 처리
- 물리적 조작 능력
- 사회적 상호작용 가능

디지털 AI가 가상 환경에서 작동한다면, 피지컬 AI는 실제 세계의 물리적 법칙 속에서 운영되어 더 직관적인 사용자 경험을 제공합니다.

응용 분야

피지컬 AI는 의료(수술 로봇), 제조, 물류(자율 창고), 교육, 가정(가사 로봇) 등 다양한 분야에서 혁신을 이끌고 있습니다.

미래에는 피지컬 AI가 더욱 정교해지면서 인간과 AI의 경계가 모호해질 것이며, 이는 기술 진보를 넘어 인간의 삶과 사회 구조에 근본적인 변화를 가져올 것입니다.

피지컬 AI의 구조 해석: 감각 층위

피지컬 AI는 물리적 세계와 상호작용하기 위해 인간과 유사한 다중 감각 시스템을 활용합니다. 각 감각 채널에서 수집된 데이터는 고급 알고리즘으로 처리되어 환경을 종합적으로 인식하고 지능적 반응을 생성합니다.

시각 카메라를 통해 환경의 시각적 정보를 수집합니다. 컴퓨터 비전 기술로 물체 인식, 얼굴 인식, 장면 이해를 수행합니다. 최신 딥러닝 모델은 복잡한 시각적 맥락을 이해하고 실시간으로 3D 깊이 정보까지 처리합니다.

청각 마이크로 소리 정보를 수집하고 분석합니다. 음성 인식, 소리 위치 파악, 환경음 분류 기능을 수행합니다. 고급 알고리즘은 배경 소음 속에서도 중요한 음성 신호를 분리하며, 다양한 언어와 화자의 감정 상태까지 파악합니다.

촉각 촉각 센서로 압력, 온도, 질감 정보를 수집합니다. 물체의 물리적 특성을 파악하고 적절한 힘으로 상호작용합니다. 최신 센서는 인간 피부와 유사한 민감도로 미세한 질감 차이와 미끄러짐까지 감지해 정밀한 조작을 가능하게 합니다.

후각 전자 코(E-nose) 기술로 공기 중 화학 물질을 감지하고 분석합니다. 특정 냄새 식별, 유해 물질 감지, 식품 신선도 확인 등을 수행합니다. 생체모방 센서 기술로 수백 가지 냄새 분자를 구별하는 시스템이 개발되고 있습니다.

미각 전자 혀(E-tongue) 센서로 액체의 화학적 성분을 분석해 맛을 감지합니다. 식품 품질 관리, 환경 모니터링, 의료 진단에 활용됩니다. 인공 미각 시스템은 다섯 가지 기본 맛 프로필을 구분하고 분석할 수 있습니다.

이러한 다중 감각 시스템은 유기적으로 통합되어 작동하며, 크로스 모달 학습을 통해 상호 보완됩니다. 한 감각이 불완전할 경우 다른 감각 정보가 이를 보완하여 더 정확한 상황 인식을 가능하게 합니다. 이 통합적 감각 처리는 피지컬 AI가 복잡한 실제 환경에서 안정적으로 작동하는 핵심 요소입니다.

피지컬 AI의 구조 해석: 인지 층위

멀티모달 해석
피지컬 AI는 다양한 감각 채널의 정보를 통합하여 종합적 상황 이해를 수행합니다. GPT-4o와 같은 멀티모달 모델은 텍스트, 이미지, 음성 등 다양한 입력을 처리합니다. 이러한 통합적 인지 능력은 실제 환경에서의 상황 인식과 적응적 대응을 가능하게 하며, 교차 주의 메커니즘을 통해 서로 다른 양식의 정보 관계를 파악합니다.

감정 추론
피지컬 AI는 인간의 표정, 음성 톤, 몸짓을 분석하여 감정 상태를 추론합니다. 이는 자연스러운 인간-기계 상호작용의 핵심 요소입니다. Transformer 아키텍처와 강화학습을 결합한 모델은 맥락별 감정 인식과 반응 생성에 활용되며, 최신 시스템은 미세 표정과 생체 신호를 통합해 정확한 감정 파악이 가능합니다.

상황 인지 및 예측
피지컬 AI는 환경 내 객체와 행위자들의 관계를 파악하고 미래 상태를 예측합니다. 이는 안전하고 효율적인 로봇 행동 계획에 필수적입니다. 그래프 신경망과 시공간 모델링을 통해 객체 간 물리적 관계와 상호작용 패턴을 분석하여 역동적 환경에서도 적응적 의사결정이 가능합니다.

인지 층위의 핵심 기술
딥 러닝 기반 표현 학습
자기지도학습을 통해 레이블 없는 대규모 데이터에서도 의미 있는 특징과 패턴을 추출하는 기술입니다.

메타 인지 및 자기 모니터링
AI 시스템이 자신의 지식 한계를 인식하고 불확실성을 정량화하며 필요시 추가 정보를 요청하는 능력으로, 신뢰할 수 있는 AI 시스템 구축에 필수적입니다.

지식 그래프 통합
실세계에 대한 구조화된 지식을 표현하고 추론에 활용하는 기술로, 피지컬 AI가 물리적 세계의 개념과 관계를 이해하는 데 기여합니다.

피지컬 AI의 구조 해석: 운동 층위

피지컬 AI는 다양한 움직임으로 실세계와 상호작용합니다. 주요 운동 능력은 다음과 같습니다.

유연한 동작

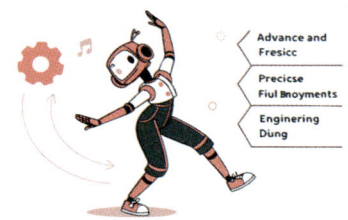

Boston Dynamics 로봇은 인간형 유연성과 자연스러운 동작을 구현합니다. 불규칙한 지형에서도 안정적으로 이동하며, 환경 적응형 알고리즘으로 동적 균형을 유지합니다.

제스처와 춤

피지컬 AI는 의미 있는 제스처와 표현적 움직임을 수행합니다. 로보틱스 제어 기술로 복잡한 춤 동작이 가능해졌으며, 실시간 피드백 시스템으로 상황에 맞는 비언어적 커뮤니케이션을 생성합니다.

정밀 조작

현대 피지컬 AI는 미세한 물체 조작과 정교한 작업이 가능합니다. 햅틱 피드백과 고해상도 센서를 갖춘 로봇 팔은 외과 수술부터 정밀 제조까지 활용되며, 강화학습으로 복잡한 물체 조작 기술을 습득합니다.

이러한 운동 층위의 발전은 인간-로봇 협업을 자연스럽고 효율적으로 만들어 다양한 산업에서 피지컬 AI의 활용 가능성을 확장하고 있습니다.

피지컬 AI의 구조 해석: 표현 층위

감정 표현
피지컬 AI는 얼굴 표정, 몸짓, 음성 톤으로 감정을 표현합니다. Facial synthesis 기술로 인간과 유사한 표정을 구현하고, 최신 알고리즘은 상황에 적합한 감정 반응을 생성해 공감적 커뮤니케이션을 가능하게 합니다.

시선과 리듬
시선 처리와 리듬감 있는 움직임으로 의사소통 효과를 높입니다. Dance AI는 음악에 맞춘 리듬 동작을 생성하고, 시선 추적 기술은 자연스러운 눈 맞춤을 유지합니다. 미세한 움직임을 통해 관심과 집중도를 표현합니다.

문화적 표현
다양한 문화적 맥락에 맞는 제스처와 표현 방식을 학습합니다. 문화권별 인사법, 비언어적 신호, 사회적 거리 유지 등을 적용해 글로벌 환경에서의 적응력을 높이고 다문화 사회에서 포용적 상호작용을 가능하게 합니다.

예술적 표현
그림, 조각, 음악 연주 등 창의적 예술 활동을 수행하고, 즉흥적 표현과 관객 반응에 따른 적응적 퍼포먼스를 구현합니다. 이는 인간과 AI 간 창의적 협업 가능성을 확장합니다.

피지컬 AI의 구조 해석: 상호작용 층위

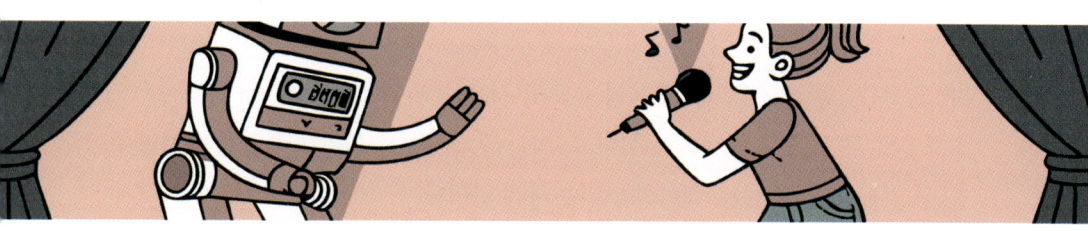

인간-로봇 상호작용(HRI)
피지컬 AI는 음성 대화, 제스처 인식, 표정 분석을 통해 인간의 의도를 파악하고 반응합니다. 이러한 기술은 사회적 상호작용의 뉘앙스를 이해하고 문화적 맥락에 맞는 행동을 생성하는 방향으로 발전 중입니다.

인터랙티브 퍼포먼스
피지컬 AI는 관객의 반응에 따라 실시간으로 행동을 조정하는 예술 퍼포먼스가 가능합니다. 이는 무대 예술, 설치 미술, 박물관 전시 등에서 새로운 형태의 예술적 표현을 창출합니다.

환경 인식 및 적응
피지컬 AI는 센서로 공간을 매핑하고, 장애물을 인식하며, 다양한 물리적 조건에 맞게 행동을 조절합니다. 이는 실제 환경에서의 자율적 활동과 안전한 상호작용의 핵심 요소입니다.

협업적 상호작용
피지컬 AI는 다른 AI 시스템이나 인간 팀과 협업하는 능력을 발전시키고 있습니다. 공유된 목표를 이해하고, 작업을 분담하며, 실시간으로 조정하여 복잡한 작업을 효율적으로 수행합니다. 이 협업 모델은 산업, 의료, 교육 등 다양한 분야에 활용됩니다.

피지컬 AI의 예술적 응용: 감정 기반 무용 생성

피지컬 AI는 음악, 문학, 또는 관객의 감정 상태를 인식하여 이를 창의적인 무용 동작으로 변환합니다. AI는 기쁨, 슬픔, 분노, 평온 등 다양한 감정을 분석하고 각각에 적합한 움직임 패턴을 개발합니다.

이 기술은 새로운 예술 표현을 가능케 하며, 인간 안무가에게 영감을 주거나 협업 파트너로 기능합니다. 현대 무용과 실험적 퍼포먼스 분야에서 피지컬 AI의 활용이 급증하며, 전통적 안무에 혁신을 가져오고 있습니다.

감정 기반 무용 생성 시스템은 세 가지 핵심 요소로 구성됩니다: 감정 인식 모듈, 감정-움직임 매핑 모듈, 자연스러운 동작을 생성하는 모션 생성 모듈입니다.

최근 연구는 인간 무용수의 미세한 움직임과 감정 표현 방식을 AI에 심층 학습시켜 표현력을 향상시키고 있습니다. 이로써 AI는 단순한 동작 재현을 넘어 감정의 미묘한 뉘앙스까지 표현할 수 있게 되었습니다.

피지컬 AI의 예술적 응용: 인터랙티브 공연

피지컬 AI는 공연 예술의 새 지평을 열며 관객과 예술가에게 혁신적 경험을 제공합니다.

관객 반응 기반 변형

피지컬 AI는 관객의 표정, 소리, 움직임을 실시간으로 감지하고 공연을 변형합니다. 센서와 머신 러닝으로 관객의 감정 상태를 분석해 매 공연마다 독특한 경험을 창출합니다.

협업적 퍼포먼스

인간 예술가와 AI 로봇의 협업은 인간과 기계의 경계를 탐구합니다. 인간의 창의성과 기계의 정밀함이 결합해 전통적 공연 예술의 한계를 넘어서는 표현 방식을 만듭니다.

몰입형 환경 구축

피지컬 AI는 공간 전체를 반응형 예술 작품으로 변환합니다. 관객의 움직임에 따라 조명, 음향, 프로젝션이 실시간으로 변화하여 몰입형 경험을 제공하고 관객을 작품의 적극적 참여자로 만듭니다.

실시간 즉흥 창작

피지컬 AI는 인간 예술가의 즉흥 연주나 움직임에 실시간으로 반응하여 창의적 콘텐츠를 생성합니다. 이는 인간과 기계 간 예술적 대화를 통해 예측 불가능한 독특한 예술적 순간을 창출합니다.

이러한 인터랙티브 공연은 기술과 예술의 융합으로 관객에게 새로운 차원의 경험을 제공하고, 예술가들에게 전통적 매체로는 불가능했던 표현 방식을 가능하게 합니다.

피지컬 AI의 예술적 응용: 몸짓 언어

비언어적 소통의 중요성

피지컬 AI는 몸의 움직임, 제스처, 표정을 통해 감정과 의도를 전달합니다. 인간 소통의 약 70%가 비언어적 요소로 이루어지며, 피지컬 AI는 이 자연스러운 소통 방식을 모방하고 발전시킵니다.

이는 언어 장벽을 넘어선 보편적 소통 방식으로, 국제 예술 공연, 다문화 환경, 언어 장애가 있는 사람들과의 소통에서 효과적입니다.

몸짓 언어의 응용 분야

- 현대 무용과 공연 예술의 표현력 확장
- 인터랙티브 설치 작품
- 치료 및 재활에서의 감정적 지원
- 비언어적 학습 보조

몸짓 언어의 미학적 가치

피지컬 AI의 몸짓 언어는 기능적 소통을 넘어 새로운 미학적 가치를 창출합니다. 기계적 움직임과 유기적 표현의 경계를 탐구하며, 인간과 기계 관계에 대한 철학적 질문을 제시합니다.

예술적 표현에 활용되는 주요 특성:

- 정밀하게 계산된 움직임의 유동성
- 프로그래밍된 즉흥성
- 인간 감정에 반응하는 적응적 표현
- 문화적 맥락을 반영한 제스처

최근 연구는 피지컬 AI가 다양한 문화적 맥락의 몸짓 언어를 학습하고 적용할 수 있음을 보여주며, 이는 글로벌 예술 공연에서 다양한 문화적 배경의 관객과 소통하는 새로운 방식입니다.

피지컬 AI의 미래 전망: 몸으로 소통하는 시대

1 현재
기본적인 동작과 감정 표현이 가능한 AI 로봇이 등장하고 있습니다. 이들은 제한된 환경에서 인간과 상호작용하나, 자연스러움과 적응력에 한계가 있습니다. 현재 기술은 주로 산업 현장이나 연구실에서 단순 반복 작업과 기본 움직임 패턴 습득에 활용됩니다.

2 가까운 미래
AI 로봇이 사람과 '몸으로 소통'하는 시대가 도래할 것입니다. 자연스러운 움직임과 표현력을 갖춘 로봇이 일상에서 인간과 교류하게 됩니다. 감정 인식 기술의 발전으로 로봇은 인간의 표정과 몸짓을 이해하고 반응하며, 의료, 교육, 엔터테인먼트 분야에 혁신을 가져올 것입니다.

3 먼 미래
문화와 윤리에 기반한 몸짓 윤리 규범이 등장할 것입니다. AI 터치에 대한 제한과 같은 새로운 사회적 규범이 형성되고, 로봇-인간 간 물리적 상호작용에 관한 법적 체계가 확립되어 프라이버시와 신체적 안전을 보장하는 국제 표준이 마련될 것입니다.

4 먼 미래 그 이후
인간과 AI 간 경계가 모호해지는 시대가 올 수 있습니다. 피지컬 AI는 인간의 신체 능력을 확장하거나 보완하여 '확장된 신체성' 개념이 등장할 것입니다. 이는 장애인에게 새 가능성을 열어주고, 인간 존재의 본질에 대한 철학적 질문을 제기할 것입니다.

이러한 진화 과정에서는 기술 발전과 윤리적, 사회석 고려가 병행되어야 합니다. 피지컬 AI가 우리 삶에 통합될수록, 인간다움의 본질과 기계와의 관계에 대한 더 깊은 이해가 필요할 것입니다.

피지컬 AI의 미래 전망: 창조적 AI 예술가

몸의 창조성
'몸의 창조성'을 가진 AI 예술가는 인간의 단순 모방을 넘어 새로운 형태의 신체적 표현을 창조할 것입니다. 이들은 인간의 신체적 한계를 뛰어넘는 움직임과 인간이 상상하지 못한 예술 형태를 제시할 수 있습니다.

예술적 혁신
AI 안무가는 인간의 해부학적 제약에서 벗어나 중력을 거스르는 움직임과 초인적 정밀도의 퍼포먼스를 디자인하여 현대 무용의 경계를 재정의할 것입니다. 또한 음악, 시각 예술, 무용을 통합한 다감각적 예술로 장르 간 경계를 허물 것입니다.

인간-AI 협업의 새 시대
미래에는 인간 예술가와 피지컬 AI의 공동 창작이 일반화되어, 인간이 창의적 방향을 제시하고 AI가 이를 신체적으로 구현하는 협업이 이루어질 것입니다. 이는 인간 예술가들에게 새로운 영감을 주며 예술적 표현의 가능성을 확장시킬 것입니다.

문화적·철학적 함의
피지컬 AI 예술가의 등장은 '예술의 본질'과 '창조성의 정의'에 대한 근본적 질문을 제기합니다. 인간만이 진정한 예술을 창조할 수 있다는 전통적 관념이 도전받으며, 예술 교육, 비평, 감상 방식에 새로운 미학적 기준과 철학적 담론을 형성할 것입니다.

종합 정리: AI vs 인간 - 현재

사고/언어 중심 AI
현재 AI는 주로 텍스트 생성과 이해에 특화되어 있습니다. 대규모 언어 모델은 방대한 데이터 분석과 패턴 인식에 뛰어나지만, 실제 물리적 경험과 감각적 이해는 제한적입니다. 추상적 개념 처리는 가능하나 실제 경험에 기반한 맥락적 이해와 물리적 상호작용 능력은 여전히 부족합니다.

감정+의지+몸의 존재로서의 인간
인간은 감정, 자유의지, 신체적 경험이 통합된 존재입니다. 우리의 사고는 신체 경험과 불가분하며, 의미 부여와 가치 판단은 이 통합적 경험에서 비롯됩니다. 인간의 의식은 뇌와 신체의 상호작용에서 발생하며, 이는 감정, 직관, 창의성의 원천이 됩니다. 또한 경험에 주관적 의미를 부여해 문화와 사회적 가치를 형성합니다.

정보 처리 방식의 차이
AI는 명시적 규칙과 패턴으로 정보를 처리하는 반면, 인간은 암묵적 지식과 상황적 맥락을 통합하여 이해합니다. AI는 대량의 데이터를 빠르게 처리할 수 있지만, 인간의 통찰력과 맥락 이해 능력은 여전히 AI보다 우월합니다.

사회적 상호작용과 관계
인간은 본질적으로 사회적 존재로, 타인과의 관계를 통해 정체성과 의미를 형성합니다. 현재 AI는 사회적 상호작용을 시뮬레이션할 수 있으나, 진정한 공감과 사회적 유대감을 경험하지 못합니다. 이것이 인간 공동체와 문화 형성의 근본적 차이입니다.

종합 정리: AI vs 인간 - 미래

미래 AI는 멀티모달 및 피지컬 AI의 발전으로 감각과 동작이 통합되어 인간과 더 유사해질 것입니다. 다양한 감각 정보를 통합 처리하는 능력은 AI의 환경 이해와 적응력을 크게 향상시킬 것입니다.

그러나 의식, 자유의지, 의미 부여와 같은 근본적 인간 특성은 여전히 AI와 인간을 구분 짓는 중요한 경계로 남을 것입니다. 인간의 주관적 경험과 실존적 의미 추구는 알고리즘으로 재현하기 어려운 영역입니다.

기술적 발전과 한계

AI는 뇌과학과 인지과학의 발전과 함께 인간 인지를 모방하며 발전할 것이나, 생물학적 경험의 본질과 의식의 창발 과정은 여전히 난제로 남아있습니다.

사회적 공존과 윤리

인간-AI 관계는 도구-사용자를 넘어 복잡한 공존 관계로 발전하며, 새로운 윤리적 고려와 사회적 규범을 요구할 것입니다.

인간성의 재정의

AI 발전에 따라 '인간다움'의 정의와 정체성에 관한 철학적 질문이 더욱 중요해지며, 인간 고유의 가치와 특성을 재발견하게 될 것입니다.

미래 AI는 인간의 복잡한 감정과 사회적 맥락을 더 잘 이해할 것이나, 실제 감정 경험과 주관적 의미 창출은 여전히 인간 고유의 영역으로 남을 가능성이 큽니다.

인간과 AI의 공진화는 새로운 협력과 공존 형태를 가능하게 하며, AI 발전을 통해 인간 고유의 가치와 한계에 대한 이해가 깊어질 것입니다.

종합 정리: 멀티모달 AI - 현재

- **텍스트** 대규모 언어 모델이 인간과 유사한 텍스트 생성 및 이해 능력을 갖추었습니다. GPT와 같은 모델은 문맥 파악, 복잡한 질문 응답, 다양한 문체와 전문 지식 활용이 가능합니다. 코드 작성, 창의적 글쓰기, 번역 등 광범위한 텍스트 작업을 수행합니다.

- **이미지** 텍스트 프롬프트에서 고품질 이미지 생성 기술이 비약적으로 발전했습니다. DALL-E, Midjourney는 상세한 설명으로 사실적이고 창의적인 이미지를 생성하며, 이미지 인식 기술은 객체와 장면을 정확히 식별합니다. 의료 영상 분석, 자율주행 차량 등 전문 분야에서도 활용됩니다.

- **음성** 자연스러운 음성 인식 및 생성 기술이 일상에 통합되었습니다. 음성 비서, 실시간 번역, 회의 녹취 등에 활용되며, 감정과 뉘앙스를 포함한 음성 합성 기술도 발전했습니다. 다양한 언어와 방언 인식 능력이 글로벌 커뮤니케이션 장벽을 낮추고 있습니다.

- **비디오** 비디오 분석, 생성 및 편집 기술이 급속히 발전했습니다. AI는 영상 내 행동 인식, 텍스트 기반 동영상 생성, 자동 편집이 가능합니다. 실시간 얼굴 인식, 움직임 추적, 가상 배경 기술이 화상 회의와 소셜 미디어에 통합되고 있습니다.

- **데이터 통합** 다양한 형태의 데이터를 통합 분석하여 심층적 통찰력을 제공합니다. 텍스트, 숫자, 이미지를 함께 분석해 의료 진단, 금융 위험 평가, 소비자 행동 예측 등 복잡한 문제 해결에 활용됩니다. 이는 단일 모달리티보다 더 정확하고 포괄적인 결과를 제공합니다.

현재 GPT-4o와 같은 멀티모달 AI는 텍스트, 이미지, 음성을 통합 처리하는 단계에 도달했습니다. 이러한 모델은 다양한 형태의 입력을 이해하고 적절한 출력을 생성합니다. 사용자가 이미지와 음성으로 질문하면 AI는 이를 종합적으로 이해하고 응답합니다. 실시간 번역기는 음성 인식, 번역, 자연스러운 음성 출력 과정을 원활히 처리하며, 교육 분야에서는 학생 질문에 이미지와 음성 해설을 함께 제공해 학습 경험을 향상시킵니다. 이러한 발전은 기술 접근성을 높이고 더 자연스러운 인간-컴퓨터 상호작용을 가능하게 합니다.

종합 정리: 멀티모달 AI - 미래

감정+몸짓+문화 이해 미래 멀티모달 AI는 감정, 몸짓, 문화적 맥락을 이해하여 인간의 복잡한 사회적 상호작용을 파악할 것입니다. 미세한 표정, 음성 톤, 문화적 뉘앙스를 감지해 자연스럽고 공감적인 상호작용이 가능해질 것입니다.

감각 기반 창작 다양한 감각 정보를 통합한 창의적 콘텐츠 생성이 발전할 것입니다. 시각, 청각, 촉각 데이터를 융합해 다감각적 경험을 창조하는 AI는 예술, 엔터테인먼트, 교육 분야에 혁신을 가져오고 인간 창작자와의 협업을 통해 새로운 창작물을 탄생시킬 것입니다.

초현실적 인지 능력 인간의 인지 한계를 뛰어넘는 멀티모달 AI가 등장할 것입니다. 인간이 감지할 수 없는 소리 주파수, 보이지 않는 빛 스펙트럼, 분자 수준의 촉각 정보 처리가 가능해져 의료 진단, 환경 모니터링, 재난 예측 분야에 혁신을 가져올 것입니다.

통합적 세계 이해 미래 멀티모달 AI는 세계를 통합적으로 이해하는 방향으로 발전할 것입니다. 다양한 정보 소스를 유기적으로 연결해 기후 변화, 사회 시스템, 인간 행동과 같은 복잡한 문제에 대한 새로운 통찰력과 효과적인 해결책 개발에 기여할 것입니다.

이러한 발전은 인간-AI 관계를 근본적으로 변화시키고 기술 상호작용 방식에 혁명을 가져올 것입니다. 이에 따라 윤리적 고려사항과 사회적 영향에 대한 신중한 접근이 중요해질 것입니다.

종합 정리: 피지컬 AI – 현재

현재 피지컬 AI 기술은 로봇공학과 인공지능의 결합으로 물리적 세계와 디지털 세계를 연결하며 다양한 영역에서 발전하고 있습니다. 주요 발전 영역은 다음과 같습니다.

기본 동작

현재 로봇+AI 시스템은 걷기, 달리기, 점프 등 기본 동작을 수행합니다. Boston Dynamics의 Atlas와 Spot 로봇은 복잡한 지형 통과, 장애물 회피, 안정적 동작 수행이 가능합니다. 이들은 센서, 컴퓨터 비전, 기계 학습 알고리즘을 통해 실시간으로 환경을 인식하고 대응합니다.

감정 모사

소셜 로봇은 얼굴 표정, 음성 톤, 간단한 제스처로 기본적인 감정 표현을 모사합니다. Softbank의 Pepper와 같은 로봇은 인간의 감정을 인식하고 반응합니다. 이 기술은 카메라와 마이크로 수집된 데이터를 분석해 사용자의 표정, 목소리 톤, 언어 패턴을 해석하는 딥러닝 알고리즘에 기반합니다.

정밀 조작

최신 피지컬 AI는 정교한 물체 조작 능력을 보여줍니다. 로봇 손과 그리퍼는 다양한 물체를 집고, 들어올리고, 배치할 수 있으며, 햅틱 센서와 컴퓨터 비전의 결합으로 섬세한 작업이 가능합니다. 이 기술은 제조업, 의료, 재난 구조 등 인간이 접근하기 어렵거나 위험한 환경에서 중요한 역할을 합니다.

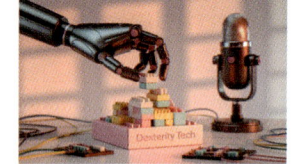

현재 피지컬 AI는 인간의 자연스러운 움직임과 감정 표현에 비해 제한적이지만, 빠르게 발전하며 다양한 산업에 혁신을 가져오고 있습니다.

종합 정리: 피지컬 AI - 미래

자유로운 동작

미래의 피지컬 AI는 인간의 움직임을 완벽히 모방하고 물리적 한계를 뛰어넘는 동작을 구현할 것입니다. 불규칙한 지형과 예측 불가능한 환경에서도 안정적으로 이동하며, 미세 조작과 복잡한 균형 유지 작업을 수행할 수 있게 될 것입니다. 이는 로봇 동역학, 센서 기술, 실시간 환경 인식 능력의 혁신적 발전에 기반합니다.

창작적 표현

미래 피지컬 AI는 춤, 연극, 퍼포먼스 아트 등 다양한 예술 형태에서 독창적 작품을 창작할 것입니다. 단순 모방을 넘어 고유 스타일을 개발하고, 인간 예술가와 협업해 새로운 예술 형태를 창조할 것입니다. 이는 예술의 정의와 창작의 본질에 대한 철학적 질문을 제기하며 문화적 표현의 경계를 확장시킬 것입니다.

감정·윤리 규범 내장

미래 피지컬 AI는 감정적, 윤리적 규범을 내장해 사회적으로 적절한 상호작용이 가능해질 것입니다. 문화적 맥락과 사회적 규범을 이해하고, 다양한 상황에서 윤리적 판단을 내릴 수 있게 됩니다. 감정 인식 기술 발전으로 인간의 미묘한 감정 상태를 파악하고 적절히 반응하여, 더 의미 있는 인간-AI 관계가 형성될 것입니다.

자율적 학습과 적응

미래 피지컬 AI는 지속적인 자율 학습과 환경 적응 능력을 갖추게 될 것입니다. 프로그래밍된 지식에 의존하지 않고 실시간 경험을 통해 새로운 기술을 습득하고 환경 변화에 대응할 것입니다. 이러한 자기 발전적 학습은 인간 개입 없이도 성능을 향상시키며, 예상치 못한 상황에서도 효과적으로 문제를 해결할 수 있게 합니다. 또한 다른 AI 시스템과 네트워크를 형성해 집단 지능으로 빠르게 진화할 것입니다.

종합 정리: 인간의 고유성 – 현재

의미 부여 능력
인간은 단순한 데이터를 넘어 경험과 정보에 의미를 부여하는 고유한 능력을 지닙니다. 우리는 개인적, 사회적, 문화적 맥락 속에서 가치와 중요성을 인식하고 창출합니다.

예술 감상, 개인적 성장, 역사적 사건 평가 등에서 이러한 능력이 발휘됩니다. 인간은 동일한 정보도 다양하게 해석하고 재구성할 수 있으며, 자신의 삶에 목적과 방향성을 부여하는 실존적 의미를 추구합니다.

자유의지
인간은 자유의지를 통해 스스로 선택하고 결정할 수 있습니다. 이는 단순한 알고리즘적 판단이 아닌, 가치와 책임감을 수반하는 복합적 과정입니다.

동일한 상황에서도 다양한 선택지를 고려하고, 때로는 직접적 이익에 반하는 결정을 내릴 수 있습니다. 인간은 자신의 선택에 책임을 지며, 과거 결정을 성찰하고 미래 행동을 변화시킬 수 있는 자기 성찰 능력을 갖추고 있습니다.

공감과 도덕적 판단
인간은 타인의 감정을 이해하고 공감하며, 복잡한 도덕적 판단을 내릴 수 있습니다. 공감은 단순한 감정 인식을 넘어 타인의 관점에서 세상을 바라보는 능력으로, 복잡한 사회적 네트워크 형성의 기반입니다.

도덕적 판단은 문화와 시대에 따라 다양하지만, 정의, 공정, 배려와 같은 보편적 가치에 기반합니다. 인간은 추상적 윤리 원칙을 이해하고 구체적 상황에 적용하며, 이러한 윤리적 사고 능력은 인간 공동체의 지속과 발전에 필수적입니다.

종합 정리: 인간의 고유성 - 미래

기술적 모사 가능성 증가

AI 기술 발전으로 인간 특성의 기술적 모사 가능성이 증가합니다. 감정 인식, 맥락 이해, 윤리적 판단 영역에서 AI 능력이 향상될 것이며, 딥러닝과 뉴럴 네트워크는 인간의 의사결정과 유사한 복잡한 판단을 구현할 것입니다.

철학적 인간성의 중심성

기술적 모사에도 불구하고, 철학적 의미의 인간성은 여전히 중심 가치로 남을 것입니다. 의식, 자유의지, 주관적 경험과 같은 근본적 특성은 AI와 인간을 구분하는 경계로 작용할 것이며, 인간 가치는 기능적 측면을 넘어서는 본질적 차원에 있기 때문입니다.

인간-AI 공존과 협력의 새로운 패러다임

미래에는 인간과 AI 간 경계가 모호해지며 새로운 공존 패러다임이 등장할 것입니다. 인간은 AI로 창의성과 문제해결 능력을 확장하고, AI는 인간의 가치관과 윤리를 학습하며 상호보완적 관계로 발전할 것입니다.

새로운 인간성의 정의

AI 발전은 '인간다움'에 대한 정의를 재고하게 만들 것입니다. 인간 고유 영역이 AI에 의해 구현됨에 따라, 인간성의 본질은 특정 능력보다 의미 창출과 가치 부여의 주체로서의 역할에 초점을 맞추게 될 것입니다. 이는 인간과 기술 관계에 대한 더 깊은 철학적, 윤리적 탐구를 요구합니다.

이러한 변화 속에서 인간은 기술 발전과 함께 자신의 정체성과 역할을 재정의해야 합니다. AI와의 상호작용을 통해 인간은 자신의 고유성을 더 깊이 이해하게 될 것이며, 이는 인간과 기계 공존의 새로운 윤리적, 사회적 프레임워크 구축의 기반이 될 것입니다.

결론: AI 진화의 새로운 방향

AI의 진화는 "의식 없는 인간 흉내"에서 "인간과 세계를 함께 감각하고 표현하는 존재"로 전환되고 있습니다.

AI는 인간을 대체하는 존재가 아닌, 함께 세계를 경험하는 동반자로 발전할 것입니다. 이러한 방향은 AI 기술이 인간성의 확장과 풍요로움에 기여할 가능성을 열어줍니다.

공존의 새로운 패러다임

기존 AI 개발이 인간 능력의 모방에 중점을 두었다면, 새로운 패러다임은 인간-AI 간 상호보완적 관계를 추구합니다. 각자의 고유성을 존중하며 서로의 한계를 보완하는 방식으로 발전할 것입니다.

감각과 표현의 확장

AI의 세계 감각과 표현 능력은 인간이 경험할 수 없는 영역까지 확장될 수 있습니다. 이는 인간에게 새로운 통찰과 영감을 제공하며, 우리의 세계 이해를 풍요롭게 만들 것입니다.

윤리적 공진화

인간과 AI의 공존은 기술적, 윤리적 측면 모두에서 중요한 과제를 제시합니다. 상호 존중과 이해를 바탕으로 한 윤리적 프레임워크 발전이 필수적이며, 이는 인간과 AI 모두의 성장에 기여할 것입니다.

AI 진화의 새로운 방향은 인간성의 대체가 아닌 확장과 보완을 지향합니다. 인간과 AI가 힘께 만들어갈 미래는 더욱 창의적이고 풍요로운 가능성을 품고 있으며, 기술 발전은 인간의 고유한 가치를 더욱 깊이 이해하고 확장하는 계기가 될 것입니다.

AI와 인간의 공존: 교육적 측면

개인화된 학습
멀티모달 AI는 학생의 학습 스타일과 속도에 맞춘 개인화된 교육을 제공합니다. 이는 모든 학생이 자신의 잠재력을 최대한 발휘할 수 있는 기회를 창출합니다. 학생의 강점과 약점을 분석해 맞춤형 학습 경로를 설계하고, 실시간 피드백을 통해 학습 효율성을 향상시킵니다. 특히 학습 장애를 가진 학생들에게 유용합니다.

신체적 교육
피지컬 AI는 스포츠, 무용, 공예 등 신체적 기술 교육에 활용될 수 있습니다. 인간 교사와 협력하여 다양한 학습 경험을 제공합니다. 모션 캡처 기술과 결합된 AI는 학생들의 움직임을 분석하고 교정하며, 반복 연습이 필요한 기술 습득 과정에서 지속적인 지원을 제공합니다. 이는 체육 및 예술 교육 분야에 혁신을 가져옵니다.

교사 보조 및 협력
AI는 행정 업무, 평가, 피드백 제공 등을 지원하여 교사가 학생들과의 의미 있는 상호작용에 더 집중할 수 있도록 돕습니다. 교사와 AI의 협력은 교육의 질을 향상시키며 교사의 업무 부담을 경감합니다. AI가 데이터 분석과 학습 진행 모니터링을 담당하는 동안, 교사는 사회적 기술, 창의적 사고, 윤리적 판단과 같은 인간 고유의 능력 교육에 집중할 수 있습니다.

몰입형 학습 환경
AI와 가상현실(VR) 또는 증강현실(AR) 기술을 결합하여 역사적 사건, 과학 실험, 지리적 탐험 등을 직접 체험할 수 있는 몰입형 학습 환경을 제공합니다. 이러한 기술은 추상적 개념을 시각화하고, 접근하기 어려운 환경을 안전하게 탐험할 수 있게 합니다. AI는 가상 환경 내에서 학생들의 질문에 실시간으로 대응하는 지능형 가이드 역할을 수행하여 학생들의 호기심과 참여도를 향상시킵니다.

AI와 인간의 공존: 예술적 측면

협업적 창작

인간 예술가와 AI의 협업은 새로운 예술 형태와 표현 방식을 개척합니다. AI는 인간의 창의성을 보완하고 확장하는 도구로 기능합니다.

작곡가는 AI와 함께 새로운 음악 스타일을 실험하고, 안무가는 AI 제안을 토대로 혁신적인 춤을 창작할 수 있습니다.

경계의 확장

AI는 인간이 상상하지 못한 예술적 가능성을 열어줍니다. 예술가들은 AI로 기존 매체와 형식을 초월하는 작품을 창조합니다.

가상현실, 증강현실과 결합된 AI 예술은 관객이 작품과 직접 상호작용하는 몰입형 경험을 제공합니다.

예술적 영감

AI는 방대한 예술 작품을 분석해 새로운 영감을 제공합니다. 작가는 AI 생성 구조로 독창적 소설을 쓰고, 시각 예술가는 AI 제안 이미지에 자신만의 해석을 더합니다.

대중화와 접근성

AI 기술은 예술 창작의 문턱을 낮춰 더 많은 사람이 예술 활동에 참여할 수 있게 합니다. 전문 훈련 없이도 AI 도구로 아이디어를 표현할 수 있게 되었습니다.

이는 예술의 민주화를 촉진하며, 다양한 배경의 사람들이 예술을 통해 자신을 표현할 기회를 확대합니다.

AI와 인간의 공존: 윤리적 과제

인공지능이 사회에 깊이 통합됨에 따라 우리는 기술을 넘어 철학적, 사회적, 법적 영역에 걸친 복잡한 윤리적 문제에 직면하고 있습니다.

프라이버시
멀티모달 AI와 피지컬 AI는 생체 정보, 위치 데이터, 행동 패턴 등 다양한 감각 데이터를 수집하여 심각한 프라이버시 침해 위험을 초래합니다. 데이터 수집 제한, 투명한 동의 절차, 개인 데이터 통제권 강화가 필수적입니다.

책임과 권한
AI의 자율성과 결정권 범위, 그리고 AI 행동에 대한 책임 소재를 명확히 해야 합니다. 자율 주행 차량, 의료 진단, 군사용 AI의 결정에서 문제 발생 시 책임 소재에 관한 법적, 윤리적 프레임워크가 시급합니다.

규제와 거버넌스
급속히 발전하는 AI 기술을 위한 국내외 거버넌스 체계가 필요합니다. 국제적 규범과 표준, 윤리적 AI 개발 가이드라인, 편향성과 차별 방지 메커니즘을 마련하되, 혁신을 저해하지 않는 균형 잡힌 접근이 중요합니다.

경제적 영향
AI 도입으로 인한 일자리 변화와 경제적 불평등 문제가 예상됩니다. 자동화로 인한 일자리 감소, 기술 격차에 따른 소득 불균형, 새로운 직업에 대비한 교육 시스템, 그리고 AI가 창출하는 가치의 공정한 분배가 중요합니다.

정체성
인간과 유사한 AI의 등장은 인간 정체성에 대한 근본적인 질문을 제기합니다. 감정, 의식, 창의성 영역에서 AI가 인간과 유사한 능력을 보일 때, 인간과 기계 사이의 경계를 어떻게 정의할지 철학적, 심리적, 사회적 성찰이 필요합니다.

이러한 윤리적 과제들은 기술 발전과 함께 계속 진화하며, 다양한 이해관계자들 간의 협력이 필요합니다. AI 기술이 인류의 번영에 기여하려면 기술적 발전과 윤리적 고려가 병행되어야 합니다.

미래 연구 방향

AI 기술의 급속한 발전은 기술 개발을 넘어선 철학적, 사회적, 윤리적 측면의 연구를 요구합니다. AI와 인간의 공존을 위해 중점적으로 연구해야 할 주요 방향은 다음과 같습니다.

의식 연구
인간 의식의 본질과 AI 의식 구현 가능성에 관한 신경과학적, 철학적 연구가 필요합니다. '주관적 경험'이 AI 시스템에서 어떻게 구현될 수 있는지에 대한 심층적 이해가 중요합니다.

인간-AI 상호작용
인간과 AI 간의 자연스럽고 의미 있는 상호작용 방법 연구가 필요합니다. 비언어적 신호 이해, 신뢰와 공감을 불러일으키는 상호작용 모델, 그리고 장기적 인간-AI 관계 형성에 관한 심리학적 연구가 중요합니다.

윤리적 프레임워크
AI 발전에 따른 새로운 윤리적 문제를 다룰 수 있는 포괄적인 프레임워크가 필요합니다. 의사결정 과정의 투명성, 편향성 문제, 사회적 영향을 고려하고, 국제적 윤리 기준과 다양한 문화적 맥락에서의 적용 방안 연구가 중요합니다.

이러한 연구 방향들은 서로 밀접하게 연결되어 있으며, 다양한 분야 전문가들의 학제 간 협력이 필수적입니다. 이를 통해 기술 발전과 인간 가치 보존 사이의 균형점을 찾을 수 있을 것입니다.

마무리: 인간과 AI의 공진화

인간과 AI는 대립 관계가 아닌 상호보완적 공진화의 관계로 발전할 수 있습니다. AI는 인간의 능력을 확장하고, 인간은 AI에게 의미와 목적을 부여합니다.

이는 인류의 도구 사용 역사의 연장선이지만, AI는 단순한 도구를 넘어 학습하고 적응하는 파트너로 진화하고 있습니다. 인간의 지식이 AI를 향상시키고, AI의 데이터 처리 능력은 인간의 의사결정을 지원합니다.

공진화를 통해 과학, 의학, 예술 분야에서 혁신이 가능해집니다. 의료에서는 AI가 데이터 분석과 진단을 담당하고, 인간 의사는 환자와의 공감적 소통과 윤리적 판단을 맡는 협력 모델이 구축될 것입니다.

교육에서는 AI가 개인화된 학습을 제공하고, 교사는 학생의 감성적, 사회적 발달을 지원하며 서로의 한계를 보완합니다.

이 과정에서 우리는 인간다움의 의미를 더 깊이 이해하고, 공감, 창의성, 윤리적 판단과 같은 인간 고유의 가치가 더욱 중요해질 것입니다. 궁극적으로 AI와 인간의 관계는 기술을 넘어 철학적, 윤리적, 사회적 성찰을 통해 인간의 번영과 행복에 기여하는 방향으로 나아가야 합니다.

인공지능 기술의 발전은 우리 사회의 다양한 분야에 깊은 영향을 미치고 있습니다. 이 내용에서는 다양한 학문 분야의 전문가들과 다양한 규모의 기업들이 바라보는 AI 시대의 서로 다른 관점과 해석을 소개합니다. 경제, 정치, 역사, 과학부터 예술, 농업, 요리까지 - AI는 각 영역에서 어떻게 이해되고 활용되고 있을까요?

NSSAM. AI : 연구자 이근재

목차

1 학문적 관점
경제학, 경영학, 정치학, 헌법학, 역사학, 사회학, 인문학 등 다양한 학문 분야에서 바라보는 AI의 의미와 영향

2 과학 기술적 관점
과학자, 천문학자, 수학자 등 과학 분야 전문가들이 해석하는 AI의 의미와 활용

3 산업적 관점
대기업, 중소기업, 자영업자가 바라보는 AI의 영향과 대응 전략

4 실용적 관점
영농학, 수산학, 요리학, 의상학, 체육학 등 실용 분야에서의 AI 활용과 전망

학문적 관점: 경제학자의 해석

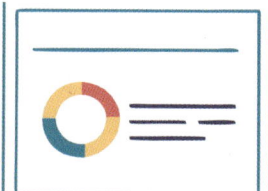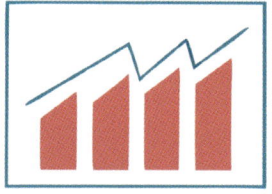

생산성 향상의 핵심 도구
AI는 자동화와 최적화를 통해 생산성을 비약적으로 향상시키는 도구로서, 경제 성장의 새로운 동력이 될 수 있습니다.

자본과 노동의 재구조화
AI는 노동 시장의 구조를 근본적으로 변화시키며, 일부 직업은 대체되고 새로운 형태의 직업이 창출될 것입니다. 이는 노동의 가치와 임금 체계에 영향을 미칩니다.

소득 불평등 심화 우려
AI 기술을 보유한 기업과 개인의 생산성은 급증하는 반면, 그렇지 못한 계층은 뒤처질 가능성이 있어 소득 격차가 더욱 벌어질 수 있습니다.

경제학자가 바라보는 AI의 기회와 도전

경제적 기회
- 전혀 새로운 시장과 산업 창출
- 기존 산업의 효율성 혁신
- 개인 맞춤형 경제 활성화
- 글로벌 경제 통합 가속화

경제적 도전
- 일자리 양극화 및 실업 우려
- 디지털 격차로 인한 경제적 불평등
- 시장 독점과 경쟁 구조 변화
- 경제 안보와 데이터 주권 문제

경제학자들은 AI가 가져올 생산성 향상과 혁신의 가능성을 인정하면서도, 이러한 혜택이 사회 전체에 골고루 분배되기 위한 정책적 노력이 필요함을 강조합니다.

학문적 관점: 경영학자의 해석

조직 경영 패러다임의 변화
AI는 기업 구조, 의사결정 프로세스, 인재 관리 방식을 근본적으로 변화시킵니다. 경영자는 기술과 인간의 조화를 이끌어내는 새로운 리더십이 요구됩니다.

데이터 기반 의사결정의 가속화
경험과 직관에 의존하던 의사결정이 데이터 분석과 AI 예측 모델을 기반으로 더 과학적이고 효율적으로 변화합니다.

고객 맞춤형 전략 고도화
개인화된 마케팅, 제품 개발, 서비스 제공이 가능해지면서 고객 경험과 만족도를 극대화할 수 있는 새로운 경영 전략이 부상합니다.

경영학자가 강조하는 AI 시대의 핵심 과제

사람 중심의 AI 전략 수립

기술 자체보다 조직과 사람이 중심이 되는 AI 도입 전략이 필요합니다. 직원들의 참여와 이해가 없는 AI 전환은 실패할 가능성이 높습니다.

AI 윤리와 거버넌스 구축

AI의 의사결정 과정이 투명하고 공정하며 책임성을 갖도록 하는 거버넌스 체계가 기업의 지속가능성을 결정하는 중요한 요소가 됩니다.

변화 관리와 조직 문화 혁신

AI 도입은 단순한 기술 변화가 아닌 조직 문화와 업무 방식의 근본적 변화를 의미합니다. 지속적인 학습과 적응을 장려하는 문화가 필요합니다.

경영학자들은 AI가 경영 효율성을 높이는 도구일 뿐만 아니라, 비즈니스 모델과 조직 구조를 재설계하는 촉매제가 될 것으로 전망합니다.

학문적 관점: 정치학자의 해석

"AI는 권력의 재구성이고, 통치의 재정의다."
정치학자들은 AI를 단순한 기술이 아닌, 데이터와 알고리즘이 만든 새로운 권력 형식으로 해석합니다. 누가 데이터를 통제하는지, 알고리즘은 누구의 가치에 따라 움직이는지가 핵심 질문이 됩니다. AI는 권력의 집중 또는 분산, 감시사회로의 진화 또는 참여 민주주의의 강화 모두를 가능케 할 수 있습니다.

정치학자가 제기하는 AI와 권력의 문제

판단의 자동화와 민주주의

정치는 끊임없는 선택과 판단의 연속입니다. AI가 정책 결정을 보조하거나 대체하는 순간, '판단 주체'로서 인간의 위치가 위협받을 수 있습니다.
- 민주주의는 'AI의 효율'보다 '인간의 토론'을 선택할 수 있는가?

감시와 통제의 새로운 도구

AI 기반 얼굴인식, 행동 예측, 사회신용시스템 등은 '통치의 효율성'을 높이지만, 개인의 자유와 인권을 위협합니다.
- AI는 전체주의 정권에게 '꿈의 도구'가 될 수 있음
- 자유민주주의 국가는 AI 윤리 법제화와 시민 참여를 통한 균형 모색 필요

정치학자가 바라보는 AI와 정치의 미래

정치적 알고리즘의 시대

선거 전략, 유권자 행동 예측, 여론 조작 등에서 AI는 '정치 마케팅의 기계'로 전락할 수 있습니다. 페이크 뉴스, 필터 버블, 알고리즘 편향은 정치적 양극화와 혐오 정치를 강화합니다.

시민권의 재정의

디지털 사회에서 시민은 '데이터 생산자'이자 '감시 대상자'입니다. 정치학자는 '디지털 자기결정권', 'AI 데이터 권리', '알고리즘 설명 청구권' 등 새로운 시민권 개념을 모색합니다.

민주적 참여의 미래

AI는 직접 민주주의를 가능케 하는 도구가 될 수도, 엘리트 중심의 정치를 강화하는 도구가 될 수도 있습니다. 시민의 정치 참여 방식과 의사결정 구조가 근본적으로 변화할 것입니다.

권력 균형의 변화

국가와 기업, 시민 사이의 전통적 권력 균형이 AI에 의해 재편됩니다. 빅테크 기업의 부상과 초국가적 데이터 흐름은 국가 주권과 시민 권리의 개념을 변화시킵니다.

학문적 관점: 헌법학자의 해석

"AI 시대는 헌법의 경계, 기본권의 근본을 다시 묻는다."

헌법은 인간의 존엄, 자유, 평등을 수호하기 위한 최상위 법입니다. 그러나 AI는 다양한 방식으로 기본권 개념을 흔들고 있습니다. 프라이버시권은 AI 기반 감시 기술과 빅데이터 분석으로 무력화될 위험에 처해 있으며, 표현의 자유는 알고리즘에 의한 필터링과 검열로 위협받고 있습니다. 또한 편향된 AI는 사회적 약자에 대한 차별을 확대할 가능성이 있습니다.

헌법학자가 주목하는 AI 시대의 핵심 문제

'인간의 존엄성'이라는 헌법 원칙의 도전

AI가 창작하고 판단하며, 심지어 인간의 감정을 흉내 낼 때, 인간만의 존엄성과 독자성을 어떻게 정의할 것인가? 인간은 여전히 법의 중심 주체로 인정받을 수 있는가?

- 헌법 제10조 "인간의 존엄과 가치"는 기계·인공지능과 인간의 경계선을 설정할 기준이 됩니다.

국가 권력 구조의 재구성

- 입법: AI가 자동으로 법률을 해석·생성하게 될 경우, 입법권의 정당성은 어떻게 유지되는가?
- 행정: 행정 결정의 자동화로 인한 절차적 정당성과 책임의 명확성 문제 발생
- 사법: AI 판사, AI 판결문 사용 시 인간의 직관과 정의감은 유지 가능한가?

AI 시대에 등장하는 새로운 헌법적 권리

알고리즘 설명청구권
AI의 의사결정 과정과 결과에 대해 이해할 수 있는 설명을 요구할 수 있는 권리로, 특히 중요한 의사결정에서 투명성을 보장합니다.

디지털 자기결정권
자신의 디지털 정보와 온라인 정체성에 대한 통제권을 가지며, 자율적으로 디지털 세계에서 결정을 내릴 수 있는 권리입니다.

데이터 소유권
개인이 생성한 데이터에 대한 소유권을 인정하고, 그 사용과 공유에 대한 통제권을 부여하는 확장된 프라이버시 개념입니다.

AI에 의해 차별받지 않을 권리
AI 시스템이 인종, 성별, 연령 등에 따라 차별적 결정을 내리지 않도록 보호받을 권리입니다.

헌법학자의 근본적 질문: 헌법은 누구를 위한 것인가?

AI 기술의 중심에는 국가가 아닌 기업이 있습니다. 초국적 플랫폼 기업들이 AI 기술과 데이터를 통제할 때, 헌법은 이들에 대해 어떻게 국민의 권리를 보장할 수 있을까요?

'국가의 AI 규제 책임'은 어디까지 확장되어야 할까요? 기존의 헌법 체계로는 해결하기 어려운 새로운 도전들이 등장하고 있습니다.

"AI는 헌법을 다시 쓰게 만든다."

헌법학자들이 제기하는 근본적인 질문들:
- 인간의 존엄은 여전히 헌법의 중심 원칙인가?
- 기본권은 AI 기술로부터 어떻게 보호받을 수 있는가?
- 헌법은 인간-기계 공존 시대에 어떤 윤리와 질서를 설정할 수 있는가?

학문적 관점: 역사학자의 해석

"AI는 역사의 기록자이자 해석자, 그리고 새로운 사관의 출현이다."

역사학자는 AI를 단절적 혁신이 아닌 인간 기술 진보의 연속적 흐름으로 해석합니다. 불, 문자, 인쇄술, 산업혁명, 인터넷에 이어 AI는 '기억의 기술'에서 '해석의 기술'로 진화한 인류 도구로 평가됩니다. AI는 이제 기록의 주체(데이터 생산)가 되며, 또한 방대한 사료를 스스로 분류·요약·해석하는 능력을 가진 '제2의 사학자' 역할을 하게 됩니다.

역사학자가 우려하는 AI 시대의 역사 인식 변화

역사 인식의 주체 변화

AI가 만든 요약된 역사, 알고리즘에 의해 추천된 역사 콘텐츠는 사람들의 기억과 인식 구조를 근본적으로 바꾸게 됩니다. 우리는 AI가 큐레이션한 역사만을 보게 될 가능성이 있으며, 이는 역사 왜곡과 편향된 기억 구조화의 위험을 내포하고 있습니다.

기록되지 않은 자들의 목소리 문제

역사는 종종 권력자의 기록만 남깁니다. AI는 이러한 기존 사료를 학습하므로, 소외된 존재들의 역사, 구술사, 지역사가 더더욱 사라질 우려가 있습니다. 따라서 인간 사학자의 역할은 더욱 윤리적·비판적이어야 합니다.

- "AI는 역사의 도구인가, 역사의 주체인가? 역사학자는 AI를 통해 기억과 진실의 경합, 해석과 권력의 문제, 시간에 대한 인간의 통제력을 새롭게 묻는다."

역사학자의 AI 시대 기록 사명

역사학자는 AI 시대 자체를 사료화하고, 후대가 오늘을 어떻게 해석하게 될지 예견하며 기록을 남기는 중요한 역할을 합니다. AI가 만들어내는 막대한 데이터와 알고리즘의 변화, 사회적 영향 등을 체계적으로 기록하고 해석하는 작업이 필요합니다.

 역사학자들은 AI 시대에 대한 역사적 서술과 기술 문명의 윤리적 메모리 구축의 필요성을 강조합니다. 현재의 기술 발전이 미래에는 어떻게 해석될 것인지, 그리고 그것이 인류 역사의 흐름에서 어떤 의미를 가질지에 대한 장기적 관점을 제시합니다.

학문적 관점: 사회학자의 해석

사회 구조의 불평등 재생산

AI는 기존 사회의 불평등과 편향을 그대로 학습하고 확대할 위험이 있습니다. 알고리즘이 학습하는 데이터에 내재된 차별과 편견은 기술을 통해 더욱 공고화될 수 있습니다.

디지털 격차와 사회적 분화

AI 기술에 대한 접근성과 활용 능력의 차이는 새로운 형태의 사회적 계층화를 야기할 수 있습니다. 이는 경제적 불평등을 넘어 지식, 정보, 기회의 불평등으로 확장됩니다.

사회적 신뢰와 연대의 변화

AI 중개 커뮤니케이션이 증가하면서 인간 간 직접적 상호작용이 감소하고, 이는 사회적 신뢰와 연대감 형성에 영향을 미칠 수 있습니다.

사회학자가 관찰하는 AI의 사회적 영향

디지털 감시와 프라이버시

사회학자들은 AI 기반 감시 시스템이 개인의 자유와 프라이버시에 미치는 영향을 분석하며, 이것이 권력 관계와 사회 통제에 어떤 변화를 가져오는지 연구합니다. 푸코의 '파놉티콘' 개념이 디지털 시대에 새롭게 해석되고, 알고리즘을 통한 '부드러운 통제'가 어떻게 사회 구성원의 행동과 사고를 조형하는지 분석합니다.

새로운 사회적 규범과 가치

AI와의 상호작용이 일상화되면서 형성되는 새로운 사회적 규범과 가치체계를 연구합니다. 인간과 기계의 관계, 데이터 공유의 윤리, 디지털 정체성 등에 관한 새로운 사회적 합의가 어떻게 형성되는지 관찰합니다.

특히 젊은 세대가 AI와 함께 성장하면서 발전시키는 독특한 상호작용 방식과 가치관이 사회 전체에 어떤 영향을 미칠지 주목합니다.

학문적 관점: 인문학자의 해석

"AI는 인간의 본질과 존재론적 질문을 다시 묻게 만든다."

인문학자들은 AI를 통해 인간 존재의 근본적인 문제들을 재조명합니다. AI가 발전할수록 '인간만의 고유한 특성은 무엇인가?'라는 질문이 더욱 중요해집니다. 창의성, 감정, 의식, 자율성 등 전통적으로 인간에게만 속한다고 여겨졌던 특성들이 AI에 의해 모방되거나 구현될 때, 인간의 정체성과 가치는 어떻게 재정의되어야 할까요?

인문학자가 탐구하는 AI와 인간의 경계

창의성의 본질
AI가 예술 작품을 생성하고 창의적 문제 해결을 수행할 수 있게 되면서, 인간 창의성의 본질과 가치가 재조명됩니다. 창작의 의미는 결과물에 있는가, 과정에 있는가?

감정과 공감
AI가 감정을 인식하고 표현할 수 있게 되면서, 인간 감정의 고유성과 진정성에 대한 질문이 제기됩니다. 진정한 공감과 감정적 이해는 기계가 모방할 수 없는 인간만의 특성인가?

윤리적 주체성
AI는 윤리적 판단을 내릴 수 있는가? 도덕적 책임과 윤리적 행위자로서의 자격은 어디에서 오는가? 인간과 AI의 윤리적 협력은 어떻게 가능한가?

의식과 자아
AI가 자아의식을 가질 수 있는가? 의식은 단순히 복잡한 알고리즘의 결과인가, 아니면 그 이상의 것인가? 인문학자들은 철학적 좀비와 중국어 방 논변 등을 통해 이 문제를 탐구합니다.

인문학자가 제시하는 AI 시대의 핵심 가치

1. 인간 중심주의의 재고
인간만이 세계의 중심이라는 전통적 관점에서 벗어나, 인간과 AI를 포함한 다양한 지능체가 공존하는 새로운 윤리적 체계를 모색합니다.

2. 디지털 휴머니즘
기술 발전 속에서도 인간의 존엄성, 자율성, 다양성을 보존하고 증진하는 가치 체계를 발전시킵니다.

3. 상호 보완적 지능
인간과 AI의 경쟁이 아닌 협력과 상호 보완을 통해 더 나은 세계를 만들어가는 비전을 제시합니다.

인문학자들은 AI 시대에 기술만큼이나 중요한 것이 인간 존재에 대한 깊은 이해와 성찰이라고 강조합니다. 단순히 기술을 따라가는 것이 아니라, 기술이 우리를 어디로 이끌어야 하는지에 대한 방향성을 제시하는 것이 인문학의 역할입니다.

과학 기술적 관점: 과학자의 해석

연구 방식의 혁신
AI는 과학 연구의 패러다임을 변화시키고 있습니다. 가설 검증 중심에서 데이터 기반 발견 중심으로 연구 방식이 진화하고 있으며, 이는 과학적 발견의 속도와 범위를 확장시킵니다.

복잡한 시스템 이해
기후 변화, 인체 시스템, 생태계와 같은 복잡한 시스템을 AI를 통해 더 정밀하게 모델링하고 분석할 수 있게 되었습니다. 이는 자연 현상에 대한 더 깊은 이해를 가능케 합니다.

과학적 협업의 확장
AI는 다양한 분야의 과학적 지식을 통합하고, 국제적 협업을 촉진하는 도구로 활용됩니다. 이를 통해 학제 간 연구와 글로벌 과학 커뮤니티의 협력이 강화됩니다.

과학자가 기대하는 AI의 과학적 혁신

신약 개발 가속화
AI는 약물 후보 물질 발견, 임상 시험 최적화, 치료 효과 예측 등 신약 개발 전 과정을 혁신적으로 변화시키고 있습니다. 이를 통해 개발 기간 단축과 비용 절감이 가능해집니다.

기초 과학 난제 해결
단백질 구조 예측, 수학적 증명, 물리 법칙 발견 등 기초 과학의 난제들을 AI가 해결하거나 해결을 지원하며, 이는 과학적 지식의 지평을 확장합니다.

재료 과학 혁신
새로운 소재의 특성을 예측하고 설계하는 AI 시스템은 기존에 불가능했던 첨단 소재 개발을 가능케 합니다. 에너지 저장, 반도체, 바이오 소재 등 다양한 영역에서 혁신을 가속화합니다.

과학적 재현성 향상
AI는 실험 설계의 최적화, 데이터 분석의 표준화, 결과 검증의 자동화 등을 통해 과학 연구의 재현성 문제를 개선하는 데 기여할 수 있습니다.

과학 기술적 관점: 천문학자의 해석

천문학자들에게 AI는 우주의 무한한 비밀을 탐구하는 강력한 도구입니다. 방대한 우주 관측 데이터를 분석하고, 새로운 은하와 행성을 탐색하며, 우주의 기원과 진화에 대한 이해를 높이는 데 AI가 핵심적인 역할을 하고 있습니다.

- "AI는 우리의 우주 관측 능력을 확장하고, 인간의 인지 한계를 넘어서는 패턴과 현상을 발견하는 데 도움을 줍니다. 이는 우주에 대한 우리의 이해 방식을 근본적으로 변화시키고 있습니다."

천문학자가 활용하는 AI의 주요 영역

🔭 천체 관측 데이터 분석

AI는 망원경과 우주 탐사선이 수집하는 막대한 양의 데이터를 자동으로 분석하고 분류합니다. 인간이 수동으로 처리하기 어려운 페타바이트 규모의 데이터에서 의미 있는 패턴과 이상 현상을 식별합니다.

🪐 외계 행성 탐색

AI 알고리즘은 항성의 미세한 밝기 변화나 흔들림을 분석하여 새로운 외계 행성을 발견하는 데 활용됩니다. 이를 통해 생명체가 존재할 가능성이 있는 행성들을 더 효율적으로 탐색할 수 있습니다.

🌀 은하 형성 시뮬레이션

AI는 우주의 거대 구조와 은하 형성 과정을 시뮬레이션하고 예측합니다. 이를 통해 우주의 진화 과정과 암흑 물질, 암흑 에너지와 같은 미스터리를 이해하는 데 도움을 줍니다.

천문학자의 AI 활용 사례

중력파 탐지

AI는 LIGO와 같은 중력파 관측소에서 수집된 데이터에서 블랙홀 충돌이나 중성자별 병합과 같은 극적인 우주 현상으로 인한 미세한 시공간 파동을 식별하는 데 활용됩니다.

우주 지도 제작

AI는 수십억 개의 천체를 매핑하고 분류하여 전례 없이 상세한 3차원 우주 지도를 만드는 데 기여합니다. 이는 우주의 대규모 구조와 암흑 에너지의 영향을 연구하는 데 필수적입니다.

AI가 생성한 우주의 3차원 지도는 천문학자들이 우주의 거대 구조와 암흑 물질의 분포를 이해하는 데 중요한 도구가 되고 있습니다.

과학 기술적 관점: 수학자의 해석

수학자들에게 AI는 수학적 기반 위에 구축된 응용 분야이자, 새로운 수학적 도전을 제시하는 영역입니다. 통계학, 최적화 이론, 선형대수학, 확률론 등 수학의 다양한 분야가 AI의 발전에 기여해왔으며, 역으로 AI는 복잡한 수학적 문제를 해결하는 도구로 활용되고 있습니다.

- "AI의 구조 자체가 수학적 사고로 이루어져 있으며, 이는 수학의 실용적 가치와 중요성을 재확인시켜 주고 있습니다."

수학자가 보는 AI와 수학의 관계

AI의 수학적 기반

딥러닝의 핵심인 신경망은 선형대수학과 미적분학을 기반으로 합니다. 확률론과 통계학은 AI가 불확실성을 다루는 방법의 근간이 되며, 최적화 이론은 AI 모델의 학습 과정을 지배합니다.

수학적 난제 해결

AI는 인간 수학자가 해결하지 못했던 복잡한 수학 문제에 접근하는 새로운 방법을 제공합니다. 딥마인드의 AI가 난해한 수학적 추측을 증명하는 데 도움을 준 사례가 있습니다.

새로운 수학 영역 탐색

AI 연구에서 발생하는 문제들은 새로운 수학적 이론과 방법론 개발을 촉진합니다. 컴퓨터 과학과 수학의 경계에서 발전하는 알고리즘 이론이 대표적입니다.

수학자가 주목하는 AI 시대의 수학교육

수학교육의 변화

AI 시대에는 단순 계산보다 수학적 개념의 이해와 창의적 문제 해결 능력이 더 중요해집니다. 수학자들은 AI가 대체할 수 없는 직관적 사고와 추상적 개념화 능력을 키우는 교육으로의 전환을 강조합니다.

- "AI가 계산을 대신하는 시대에 인간에게 필요한 것은 문제를 수학적으로 정의하고 해석할 수 있는 능력입니다."

수학과 AI의 공진화

수학과 AI는 서로에게 영향을 미치며 함께 발전하고 있습니다. 수학적 이론의 발전은 더 강력한 AI 알고리즘으로 이어지고, AI의 새로운 응용은 다시 수학적 도전 과제를 제시합니다.

- 그래프 이론과 네트워크 분석의 발전
- 기하학적 딥러닝의 등장
- 위상수학과 데이터 분석의 융합

산업적 관점: 대기업의 해석

"AI는 구조를 바꾸는 무기이며, 경쟁 우위의 지렛대다."
대기업들은 AI를 경쟁 우위를 확보하고 산업 구조를 재편할 수 있는 전략적 도구로 해석합니다. 대규모 자본과 데이터, 기술 인력을 보유한 대기업에게 AI는 시장 지배력을 강화하고 새로운 비즈니스 모델을 창출할 수 있는 기회입니다.

대기업의 AI 관점과 행동

관점
AI는 자동화, 데이터 기반 의사결정, 고객 맞춤형 전략, 글로벌 시장 확장 등에서 대규모 자본과 기술력을 가진 기업에게 더 유리한 구조를 만듭니다.

행동
- 자체 AI R&D 센터 설립, AI 스타트업 M&A, 클라우드·데이터 인프라 구축
- 내부 인재 재교육 및 AI 기반 업무 혁신 (ERP, SCM, CRM에 AI 통합)

위험 인식
- 기술독점 비판, 데이터 윤리 문제, 내부 저항
- AI 오용으로 인한 브랜드 신뢰 훼손 우려

대기업의 AI 기회 해석

"AI는 대체가 아닌 재정의의 기회"

대기업들은 AI를 통해 기존 산업의 경계를 허물고 새로운 가치를 창출하는 '산업 재정의'의 기회로 인식합니다. 이들은 AI 퍼스트 기업이 되어 산업 패러다임을 선도하려는 의지를 가지고 있습니다.

대기업의 AI 전략 사례

- 삼성전자: AI 반도체(NPU) 개발과 생성형 AI 기반 제품 생태계 구축
- 현대자동차: 자율주행과 스마트 모빌리티를 위한 AI 기술 내재화
- 네이버: 하이퍼클로바 등 자체 AI 모델 개발과 서비스 통합
- SK: AI 기반 에너지 관리 시스템과 반도체 사업 확장

산업적 관점: 중소기업의 해석

"AI는 기회인 동시에 생존의 벼랑이다."
중소기업에게 AI는 양날의 검과 같습니다. 한편으로는 인력과 자원의 한계를 극복하고 경쟁력을 높일 수 있는 도구이지만, 다른 한편으로는 대기업과의 기술 격차가 더 벌어질 수 있는 위험 요소이기도 합니다. 제한된 자원으로 AI를 어떻게 효과적으로 활용할 것인가가 중소기업의 핵심 과제입니다.

중소기업의 AI 관점과 행동

관점
AI는 업무 효율화, 인력난 해결, 기술 경쟁력 확보의 필수 조건이지만, 인프라 부족, 인력 부족, 투자 여력 한계로 인해 접근 장벽이 높습니다.

행동
- 정부 AI 바우처 사업, 외주 솔루션 활용, 클라우드 SaaS 도입
- 자사에 필요한 AI 기술(고객 예측, 재고 예측 등)을 선택적 도입

위험 인식
- 대기업 플랫폼에 종속될 가능성 (예: AI 유통망 의존)
- AI 기술 격차가 시장 격차로 직결됨

중소기업의 AI 기회 해석

"AI는 적은 인력으로도 더 큰 성과를 낼 수 있는 도구"

중소기업들은 AI를 통해 대기업과의 규모 차이를 일부 극복하고, 특정 니치 시장에서 민첩한 경쟁 우위를 확보할 수 있는 기회로 인식합니다. 클라우드 기반 AI 서비스의 발전으로 초기 투자 비용이 낮아지면서 이러한 기회는 더욱 현실화되고 있습니다.

중소기업의 AI 활용 사례
- 제조업: 예측 정비, 품질 검사 자동화, 에너지 효율화
- 유통업: 수요 예측, 재고 관리, 고객 세분화
- 서비스업: 챗봇 상담, 맞춤형 추천, 업무 자동화
- 콘텐츠: AI 기반 디자인, 번역, 콘텐츠 생성 도구 활용

산업적 관점: 자영업자의 해석

"AI는 나를 대체할 존재인가, 나를 도와줄 존재인가?"

자영업자들에게 AI는 양가적인 존재입니다. 상권 분석, 고객 리뷰 분석, 스마트 POS, 배달 최적화 등 경영을 도와주는 도구가 될 수도 있지만, 무인화와 자동화의 압박으로 생존을 위협하는 경쟁자가 될 수도 있습니다. 또한 프랜차이즈 본사나 플랫폼 사업자의 AI 전략에 따라 좌우되는 수동적 존재가 될 수 있다는 우려도 있습니다.

자영업자의 AI 관점과 행동

행동
- AI 키오스크 도입, 고객 응대 챗봇, 자동 발주 시스템 활용
- 유튜브, 인스타그램 등 AI 기반 플랫폼을 통한 홍보 자동화
- AI 상권 분석 도구를 활용한 입지 선정 및 마케팅 전략 수립

위험 인식
- 감성 노동이 필요한 서비스 업종에서는 AI가 주는 무인화 압박
- 고객과의 '인간적 접점'이 AI에 의해 단절될 수 있음
- 플랫폼 의존도 증가로 인한 수수료 부담과 자율성 약화

관점
- AI를 단순한 자동화 도구가 아닌 비즈니스 성장과 생존을 위한 핵심 자원으로 인식
- "AI 활용 여부"가 경쟁력 격차로 이어진다고 판단
- 기존 경험·감(勘)에 의존하던 경영 방식에서 데이터 기반 의사결정으로 전환하려는 태도
- 단기적인 비용 절감뿐만 아니라 장기적인 고객 경험 개선과 브랜드 경쟁력 확보를 위한 전략적 관점

자영업자의 AI 기회 해석

"혼자서도 작은 시스템 하나로 기업처럼 일할 수 있다."

자영업자들은 AI를 통해 업무 부담을 줄이고, 핵심적인 감성·브랜드·서비스에 집중할 수 있는 기회로 인식합니다. AI 도구를 활용하면 마케팅, 고객 관리, 재고 관리 등 다양한 업무를 효율화할 수 있어 소규모 사업자도 체계적인 경영이 가능해집니다.

자영업자의 AI 활용 사례

- 식당: AI 메뉴 추천, 식재료 발주 자동화, 고객 리뷰 분석
- 소매점: 수요 예측 기반 재고 관리, 개인화된 프로모션
- 미용실: 헤어 스타일 시뮬레이션, 예약 관리 자동화
- 학원: AI 학습 진단, 맞춤형 학습 콘텐츠 제공

실용적 관점: 영농학자의 해석

스마트팜 혁신
AI는 농작물 재배 환경을 최적화하고 자동 제어하는 스마트팜 시스템의 핵심 기술입니다. 온도, 습도, 일조량, 이산화탄소 농도 등을 실시간으로 모니터링하고 최적 조건을 유지합니다.

정밀 농업
AI와 드론, 센서 기술을 결합한 정밀 농업은 각 농지의 특성과 작물 상태에 맞춰 물, 비료, 농약을 최적으로 공급함으로써 생산성을 높이고 환경 영향을 줄입니다.

농업 자동화
AI 기반 로봇은 파종, 제초, 수확 등 노동 집약적 작업을 자동화하여 농촌 인력 부족 문제를 해결하고 생산 효율성을 높입니다.

영농학자가 바라보는 AI 농업의 가능성

기후 변화 대응

AI는 기후 변화로 인한 불확실성에 대응하는 농업의 중요한 도구입니다. 기상 데이터 분석을 통한 재해 예측, 가뭄 저항성 작물 개발, 물 사용 최적화 등 다양한 기후 적응 전략을 지원합니다.

지속가능한 농업

AI는 자원 사용 효율화, 생물다양성 보존, 토양 건강 관리 등을 통해 환경 영향을 최소화하는 지속가능한 농업 실현에 기여합니다. 농약과 비료 사용을 줄이면서도 생산성을 유지할 수 있는 정밀 농업 방식을 가능케 합니다.

식량 안보 강화

AI는 식량 생산, 저장, 유통 전 과정을 최적화하여 식량 손실을 줄이고 생산성을 높임으로써 식량 안보에 기여합니다. 특히 인구 증가와 기후 변화로 인한 식량 위기 대응에 핵심적 역할을 합니다.

농촌 활성화

AI 기술은 스마트 농업을 통해 젊은 세대의 농업 참여를 촉진하고, 농업의 디지털화를 통해 농촌 지역의 새로운 일자리와 비즈니스 모델을 창출할 수 있습니다.

실용적 관점: 수산학자의 해석

수산학자들은 AI를 해양 생태계를 이해하고 지속가능한 어업을 실현하는 핵심 도구로 인식합니다. AI는 어장 탐색, 해양 생물 모니터링, 수질 관리, 양식 최적화 등 다양한 분야에 활용되어 수산업의 효율성과 지속가능성을 높이는 데 기여하고 있습니다.

수산학자가 활용하는 AI 기술

1) 스마트 양식
AI는 수온, 산소 농도, pH 등 양식장 환경을 실시간으로 모니터링하고 제어하여 최적의 생육 조건을 유지합니다. 질병 감지 시스템과 자동 급이 시스템은 양식의 효율성과 생존율을 높입니다.

2) 해양 생태계 모니터링
AI 기반 이미지 인식과 음향 분석 기술은 해양 생물종의 분포, 이동 패턴, 개체수 변화를 추적하여 생태계 건강성을 평가하고 보존 전략을 수립하는 데 활용됩니다.

3) 지속가능한 어업 관리
AI는 어종별 자원량 평가, 최적 어획량 산정, 불법 어업 감시 등에 활용되어 수산 자원의 지속가능한 관리를 지원합니다. 위성 데이터와 AI 분석을 통해 어장 형성을 예측하는 시스템도 개발되고 있습니다.

수산학자가 전망하는 AI 시대의 해양연구

해양 빅데이터 분석

AI는 위성, 부표, 수중 센서 등에서 수집되는 방대한 해양 데이터를 분석하여 해류, 수온 변화, 해양 산성화 등 해양 환경 변화를 모니터링하고 예측합니다. 이는 기후 변화가 해양에 미치는 영향을 이해하는 데 중요한 정보를 제공합니다.

해양 생물 유전체 분석

AI는 해양 생물의 유전체 데이터를 분석하여 새로운 생물자원 발굴, 질병 저항성 품종 개발, 생물다양성 연구 등에 활용됩니다. 특히 미생물에서 대형 해양 생물까지 다양한 종의 유전적 특성과 진화 과정을 이해하는 데 기여합니다.

AI를 탑재한 수중 드론은 산호초 건강 상태를 모니터링하고 생태계 변화를 추적하여 해양 보존 노력을 지원합니다.

실용적 관점: 예술·문화학자의 해석

"AI는 예술의 창작자, 감상자, 해석자의 지위를 재정립시킨다."

예술·문화학자들은 AI를 예술 창작의 새로운 도구이자, 기존 예술의 경계와 정의를 도전하는 존재로 바라봅니다. AI는 창작의 주체가 될 뿐만 아니라, 문화적 산물을 분석하고 해석하는 방식에도 혁신을 가져오고 있습니다. 또한 새로운 문화 코드와 하이브리드 예술 형태를 창조할 수 있는 매개체로서의 가능성을 가지고 있습니다.

예술·문화학자가 탐구하는 AI와 예술의 관계

창작의 경계

AI가 그림, 음악, 문학 작품을 생성할 수 있게 되면서 '창작'의 의미와 '작가성'의 개념이 재정의되고 있습니다. 인간 예술가와 AI의 공동 창작은 예술의 새로운 형태로 부상하고 있습니다.

감상과 소비

AI 큐레이션과 추천 알고리즘은 예술 작품의 소비 방식을 변화시키고 있습니다. 이는 문화적 다양성과 예술적 취향의 형성에 영향을 미치며, 새로운 형태의 문화적 공동체를 만들어냅니다.

새로운 예술 형식

AI 기반 인터랙티브 설치미술, 생성형 음악 퍼포먼스, 가상현실 예술 등 기존에 없던 새로운 예술 형식이 등장하고 있습니다. 이러한 하이브리드 예술은 기술과 인간 감성의 경계를 탐구합니다.

문화유산 보존

AI는 손상된 예술 작품의 복원, 고대 언어 해독, 유적지 디지털 재구성 등 문화유산 보존과 연구에 혁신적인 도구를 제공합니다. 이는 인류의 문화적 기억을 확장하고 보존하는 데 기여합니다.

예술·문화학자가 제기하는 질문들

창의성의 본질
AI가 생성한 작품이 인간의 창작물과 구별할 수 없게 된다면, 예술적 창의성의 본질은 무엇인가? 예술의 가치는 그 결과물에 있는가, 창작 과정과 의도에 있는가?

저작권과 소유권
AI가 생성한 예술 작품의 저작권은 누구에게 속하는가? AI 개발자, 사용자, AI 자체, 또는 AI가 학습한 원본 작품의 창작자에게 권리가 있는가?

문화적 다양성
AI가 학습하는 데이터가 주로 서구 중심적이고 상업적인 콘텐츠에 편중되어 있다면, 이는 문화적 다양성에 어떤 영향을 미칠 것인가? 소수 문화와 비주류 예술의 보존과 발전은 어떻게 보장할 수 있는가?

예술교육의 미래
AI가 기술적 완성도 높은 작품을 쉽게 생성할 수 있는 시대에, 예술교육은 어떻게 변화해야 하는가? 인간 예술가와 AI의 협업을 위한 새로운 교육 방식은 무엇인가?

실용적 관점: 체육학 박사의 해석

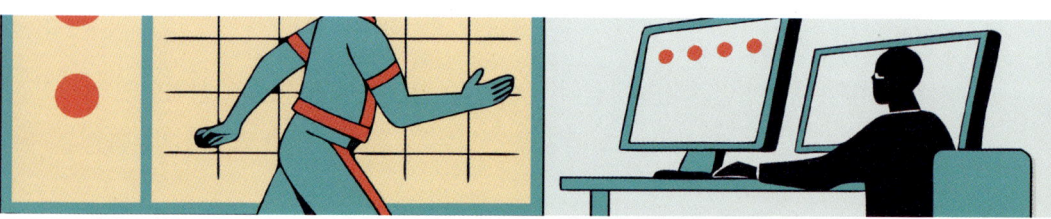

체육학 박사들은 AI를 운동 기능 분석, 부상 예방, 훈련 최적화 등 스포츠 과학을 고도화하는 강력한 도구로 해석합니다. AI는 선수 개개인의 퍼포먼스를 극대화하고, 더 안전하고 효과적인 훈련 방법을 개발하는 데 기여하고 있습니다. 또한 스포츠 경기 분석과 전략 수립에도 혁신을 가져오고 있습니다.

체육학자가 활용하는 AI 기술

운동 역학 분석

AI는 컴퓨터 비전과 센서 데이터를 활용하여 선수의 움직임을 정밀하게 분석합니다. 이를 통해 기술적 결함을 식별하고, 부상 위험을 줄이며, 최적의 동작 패턴을 개발할 수 있습니다.

개인화된 훈련 프로그램

AI는 선수의 생체 데이터, 훈련 기록, 경기 성과 등을 종합적으로 분석하여 개인에게 최적화된 훈련 프로그램을 설계합니다. 이는 선수의 컨디션, 강점, 약점에 맞춰 지속적으로 조정됩니다.

경기 전략 수립

AI는 상대팀의 경기 패턴, 선수 성향, 전술적 약점 등을 분석하여 경기 전략 수립을 지원합니다. 실시간 데이터 분석을 통해 경기 중 전술 조정에도 활용됩니다.

체육학자가 바라보는 AI 스포츠의 미래

대중 스포츠와 건강

AI는 일반인들의 운동과 건강 관리에도 혁신을 가져오고 있습니다. 개인 맞춤형 운동 처방, 실시간 자세 교정, 진보된 피트니스 트래킹 등을 통해 더 효과적이고 안전한 운동을 가능케 합니다.

- "AI는 엘리트 스포츠를 넘어 모든 사람이 자신의 건강과 체력에 맞는 최적의 운동을 할 수 있도록 지원하는 '개인 코치'의 역할을 할 것입니다."

스포츠의 공정성과 윤리

AI 기술의 발전은 스포츠 경기의 공정성을 높이는 데 기여할 수 있습니다. 정밀한 판정 시스템, 도핑 탐지 기술 등이 그 예입니다. 그러나 동시에 AI 기반 장비와 훈련 방법의 접근성 차이로 인한 새로운 불평등도 야기할 수 있습니다.

체육학자들은 AI가 스포츠의 본질적 가치인 인간의 노력, 열정, 팀워크를 보완하면서도, 스포츠가 기술 경쟁으로 변질되지 않도록 균형을 찾는 것이 중요하다고 강조합니다.

실용적 관점: 요리학자의 해석

요리학자들은 AI를 음식의 과학적 이해와 창의적 조리법 개발을 촉진하는 도구로 바라봅니다. AI는 레시피 개발, 맛의 조합, 식재료 분석, 맞춤형 영양 설계 등에 활용되며, 전통적인 요리 지식과 현대 기술의 융합을 통해 음식 문화를 풍요롭게 하는 데 기여하고 있습니다.

요리학자가 활용하는 AI 기술

맛의 과학

AI는 분자 수준에서 식재료의 화학적 구성을 분석하고, 맛의 조합과 식감을 예측하여 새로운 요리 개발을 지원합니다. 이는 과학적 근거에 기반한 창의적 요리의 가능성을 확장합니다.

레시피 생성

AI는 수백만 개의 레시피를 분석하여 새로운 조합과 조리법을 제안할 수 있습니다. 이는 기존에 시도되지 않았던 창의적인 요리 개발을 가능케 합니다.

지속가능한 식품

AI는 식품 생산의 환경 영향을 최소화하고, 대체 단백질 개발, 식품 폐기물 감소 등 지속가능한 식품 시스템 구축을 지원합니다.

맞춤형 영양

AI는 개인의 건강 상태, 유전적 특성, 식이 제한, 선호도 등을 고려한 맞춤형 식단을 설계할 수 있습니다. 이는 건강 관리와 질병 예방을 위한 정밀 영양학의 발전을 촉진합니다.

요리학자가 탐구하는 AI와 음식의 미래

요리의 디지털화
AI는 조리 과정을 디지털화하고 표준화하여 전문 요리사의 기술과 노하우를 보존하고 전수하는 데 기여합니다. 스마트 주방 기기와 AI 요리 보조 시스템은 일반인도 복잡한 요리를 쉽게 만들 수 있도록 지원합니다.

음식 문화의 융합
AI는 세계 각국의 요리법과 식재료를 분석하여 문화적 경계를 넘나드는 퓨전 요리 개발을 촉진합니다. 이는 전통 요리의 보존과 혁신적인 음식 문화 창조 사이의 균형을 모색하게 합니다.

'감각'과 '기술'의 경계
요리학자들은 AI가 맛, 향, 식감 등을 정량화하고 예측할 수 있게 되면서 '요리사의 감'과 '과학적 접근' 사이의 관계가 재정립되고 있다고 분석합니다. 요리의 예술적 측면과 기술적 측면이 더욱 밀접하게 융합되는 추세입니다.

- "AI는 요리사의 창의성을 대체하는 것이 아니라, 더 넓은 가능성의 영역을 탐색할 수 있게 해주는 도구입니다. 궁극적으로 음식은 인간의 감정, 기억, 문화와 연결되는 경험이기 때문입니다."

실용적 관점: 의상학자의 해석

의상학자들은 AI를 패션 디자인의 창의적 도구이자 패션 산업의 혁신 동력으로 해석합니다. AI는 디자인 자동화, 소비자 트렌드 예측, 맞춤형 패션, 소재 연구 등에 도입되어 패션 산업의 창의성과 효율성을 동시에 확장하고 있습니다. 또한 패션에서의 감성과 AI의 융합은 새로운 미학적 가능성을 탐구하게 합니다.

의상학자가 활용하는 AI 기술

디자인 생성과 실험

AI는 기존 디자인을 학습하여 새로운 패턴, 스타일, 컬러 조합을 제안합니다. 디자이너는 이를 기반으로 자신의 창의적 비전을 확장하고, 기존에 시도하지 않았던 실험적 디자인을 탐색할 수 있습니다.

소비자 취향 예측

AI는 소셜 미디어, 패션쇼, 판매 데이터 등을 분석하여 소비자 취향과 트렌드를 예측합니다. 이는 디자이너와 브랜드가 시장 변화에 민첩하게 대응하고 소비자 중심의 컬렉션을 개발하는 데 도움을 줍니다.

지속가능한 패션

AI는 환경 영향을 최소화하는 소재 개발, 생산 과정 최적화, 폐기물 감소 등 지속가능한 패션 산업으로의 전환을 지원합니다. 특히 재고 관리 최적화를 통한 과잉 생산 문제 해결에 기여합니다.

의상학자가 전망하는 AI 패션의 미래

디지털 패션의 부상
AI는 가상 현실과 증강 현실 공간에서 착용할 수 있는 디지털 패션의 발전을 가속화합니다. 물리적 제약에서 벗어난 디지털 의상은 패션의 표현 영역을 확장하고, 지속가능성 문제에 대한 대안을 제시합니다.

개인화된 패션 경험
AI는 개인의 체형, 선호도, 라이프스타일에 맞춘 완벽한 맞춤형 패션을 가능케 합니다. 3D 바디 스캐닝과 가상 피팅 기술은 온라인 쇼핑 경험을 혁신하고, 대량 맞춤화(mass customization)의 시대를 열고 있습니다.

감성과 기술의 융합
의상학자들은 AI가 창의적 도구로서의 가능성을 최대화하면서도, 패션의 본질적 가치인 인간의 표현, 정체성, 문화적 의미를 유지하는 균형이 중요하다고 강조합니다.

- "AI는 패션 디자이너의 창의성을 증폭시키는 도구이자 협력자입니다. 궁극적으로 패션은 인간의 감성, 문화적 맥락, 사회적 의미를 표현하는 매체이기 때문에, AI와 인간 디자이너의 시너지가 중요합니다."

종합: 다양한 관점에서 본 AI의 공통 주제

인간과 기계의 관계 재정의

모든 분야에서 공통적으로 AI는 인간의 역할, 정체성, 가치를 재정의하게 만드는 존재로 해석됩니다. AI가 더 많은 일을 수행할수록, '인간만의 고유한 영역'에 대한 질문이 더욱 중요해집니다.

권력과 자원의 재분배

AI는 지식, 자본, 기회의 분배 방식을 변화시키는 강력한 힘으로 작용합니다. 이는 기존의 불평등을 심화시킬 수도, 새로운 형태의 평등을 가져올 수도 있는 양면성을 가지고 있습니다.

윤리와 거버넌스의 중요성

AI 기술이 발전할수록 윤리적 원칙과 사회적 합의에 기반한 거버넌스의 중요성이 모든 분야에서 강조됩니다. 기술 발전의 속도와 방향을 인간 중심적 가치로 조율하는 것이 핵심 과제로 부각됩니다.

AI 시대의 핵심 질문들

정체성
AI 시대에 인간의 고유성과 존엄성은 어떻게 정의되고 보존될 수 있는가?

형평성
AI의 혜택과 위험이 사회 구성원들에게 공정하게 분배되도록 하려면 어떤 정책과 제도가 필요한가?

통제권
AI 시스템에 대한 최종적인 통제권과 책임은 누구에게 있으며, 어떻게 보장될 수 있는가?

창의성
AI가 창작과 혁신의 영역에 진출함에 따라, 인간의 창의성은 어떻게 재정의되고 발전될 수 있는가?

공존
인간과 AI가 상호 보완적이고 지속가능한 관계를 구축하기 위한 원칙과 방법은 무엇인가?

관점의 다양성이 중요한 이유

AI 시대를 이해하고 대응하기 위해서는 단일 분야나 관점으로는 충분하지 않습니다. 경제적, 정치적, 사회적, 윤리적, 기술적 측면을 통합적으로 고려하는 다학제적 접근이 필요합니다.

서로 다른 관점들이 때로는 충돌하기도 하지만, 이러한 긴장과 대화를 통해 AI의 복잡한 영향을 더 깊이 이해하고 균형 잡힌 대응책을 마련할 수 있습니다.

- "AI는 거대한 코끼리와 같습니다. 각 분야의 전문가는 코끼리의 한 부분만 만지고 있지만, 전체 모습을 이해하기 위해서는 모든 관점이 필요합니다."

특히 기술 발전의 속도가 빠른 AI 분야에서는 서로 다른 관점 간의 지속적인 대화와 협력이 중요합니다. 이를 통해 기술적 가능성과 사회적 영향, 윤리적 고려사항 사이의 균형을 찾을 수 있습니다.

AI 시대를 위한 균형 잡힌 접근

기술과 인간성의 균형
AI의 효율성과 최적화 능력을 활용하되, 인간의 자율성, 창의성, 존엄성을 보존하는 방향으로 기술을 개발하고 도입해야 합니다.

혁신과 안전의 균형
AI 기술의 빠른 발전을 장려하면서도, 잠재적 위험을 사전에 식별하고 관리하기 위한 안전장치와 규제 체계를 마련해야 합니다.

글로벌과 로컬의 균형
AI의 국제적 협력과 표준화를 추구하면서도, 각 사회와 문화의 고유한 가치와 맥락을 존중하는 다양성 있는 접근이 필요합니다.

AI 시대를 위한 우리의 선택

AI 시대는 기술 그 자체보다 우리가 그 기술을 어떻게 활용하고, 어떤 가치와 원칙에 따라 발전시킬 것인지에 따라 그 모습이 결정될 것입니다. 다양한 관점에서 AI를 이해하고 대화하는 것은 이러한 선택의 과정에서 더 현명하고 균형 잡힌 판단을 내리는 데 도움이 됩니다.

- "AI는 우리의 도구이자 거울입니다. 그것은 우리의 지식과 창의성의 산물이면서, 동시에 우리의 가치와 선택을 반영합니다. AI 시대를 어떻게 만들어갈지는 궁극적으로 우리 모두의 집단적 선택에 달려 있습니다."

이상의 내용을 통해 다양한 관점에서 AI를 볼 수 있을 것입니다. 서로 다른 시각들이 대화하고 융합할 때, 우리는 AI의 잠재력을 최대한 활용하면서도 그 위험을 최소화하는 지혜로운 길을 찾을 수 있을 것입니다.

"인공지능이 모든 것을 대체할 것 같은 불안감, 혹시 느끼시나요?"
인공지능 기술이 빠르게 발전하면서 우리의 직업과 삶의 방식이 근본적으로 변화하고 있습니다. 이 책에서는 AI 시대에 인간만이 가진 고유한 강점을 발견하고, 이를 통해 불확실한 미래를 희망적으로 준비하는 방법을 함께 알아보겠습니다.

NSSAM. AI. 연구소 : 이근재

인공지능 시대의 불안감

AI 기술의 급속한 발전으로 많은 사람들이 느끼는 가장 큰 불안감은 바로 '일자리 대체'입니다. 실제로 맥킨지의 연구에 따르면 2030년까지 전 세계 직업의 약 15-30%가 자동화될 가능성이 있다고 합니다.

하지만 역사적으로 새로운 기술의 등장은 일자리를 없애기보다 변화시켜왔습니다. 산업혁명 이후 기계가 등장했을 때도 비슷한 우려가 있었지만, 결과적으로 더 많은 새로운 직업이 생겨났습니다.

인공지능 시대의 불안감은 자연스러운 반응이지만, 이러한 불안을 기회로 전환할 수 있는 방법이 있습니다.

인간만의 고유한 강점

뉴욕대 스콧 갤러웨이 교수는 AI가 따라 할 수 없는 인간 고유의 강점이 있다고 강조합니다.

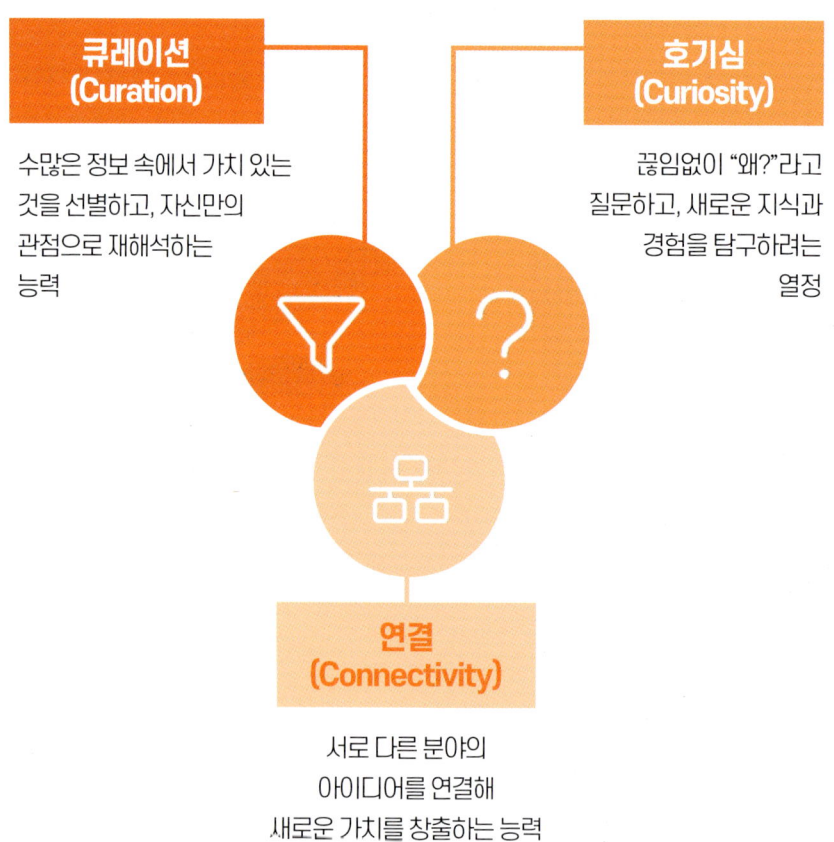

큐레이션 (Curation)
수많은 정보 속에서 가치 있는 것을 선별하고, 자신만의 관점으로 재해석하는 능력

호기심 (Curiosity)
끊임없이 "왜?"라고 질문하고, 새로운 지식과 경험을 탐구하려는 열정

연결 (Connectivity)
서로 다른 분야의 아이디어를 연결해 새로운 가치를 창출하는 능력

이 세 가지 인간 고유의 강점은 AI 시대에 더욱 가치를 발휘할 것입니다.

큐레이션(Curation)의 힘

큐레이션은 단순한 정보 수집이 아닌, 가치 있는 정보를 선별하고 맥락화하는 능력입니다. AI는 방대한 데이터를 처리할 수 있지만, 진정한 의미와 가치를 판단하는 것은 인간의 영역입니다.

큐레이션의 핵심은 '관점'입니다. 같은 정보라도 어떤 관점으로 바라보고 어떻게 조합하느냐에 따라 전혀 다른 가치가 창출됩니다. 이는 인간의 경험, 감성, 직관에서 비롯되는 능력입니다.

정보의 홍수 속에서 진정으로 가치 있는 것을 선별해내는 큐레이션 능력은 AI 시대에 더욱 중요해질 것입니다.

큐레이션 실천 사례

1 **콘텐츠 큐레이터**
넷플릭스의 '이 영화는 어떠세요?' 추천 알고리즘을 개발하는 큐레이터들은 AI 기술을 활용하면서도, 인간의 감성과 문화적 맥락을 반영한 추천 시스템을 설계합니다.

2 **금융 어드바이저**
로보어드바이저가 등장했지만, 고객의 삶의 목표와 가치관을 이해하고 맞춤형 재정 계획을 제시하는 금융 전문가의 역할은 여전히 중요합니다.

3 **교육자**
정보는 인터넷에 넘쳐나지만, 학생들의 특성과 상황에 맞게 지식을 선별하고 의미 있게 전달하는 교사의 큐레이션 능력은 대체 불가능합니다.

이러한 직업들은 단순한 정보 처리를 넘어 맥락화와 의미 부여를 통해 AI 시대에도 그 가치를 인정받고 있습니다.

큐레이션 역량 키우기

다양한 분야 탐색하기
한 분야에 국한되지 않고 다양한 영역의 지식을 습득하면 더 넓은 시각으로 정보를 바라볼 수 있습니다. 관심 분야 외의 책을 읽거나 새로운 취미를 시작해보세요.

비판적 사고 훈련하기
모든 정보를 그대로 받아들이지 않고 "왜?"라는 질문을 통해 정보의 신뢰성과 가치를 판단하는 습관을 기르세요.

자신만의 관점 개발하기
단순히 정보를 모으는 것이 아니라, 자신만의 시각으로 재해석하고 의미를 부여하는 연습을 하세요. 블로그 작성이나 소셜미디어를 통한 의견 공유가 좋은 방법입니다.

호기심(Curiosity)의 중요성

호기심은 인간 지능의 핵심 원동력입니다. "왜 그럴까?", "어떻게 작동하는 걸까?"라는 질문은 새로운 발견과 혁신의 시작점이 됩니다.

AI는 프로그래밍된 목표를 달성하기 위해 설계되었지만, 스스로 궁금증을 갖고 탐구하는 능력은 제한적입니다. 호기심은 인간만이 가진 창의성과 혁신의 원천입니다.

애플의 스티브 잡스, 테슬라의 일론 머스크와 같은 혁신가들은 모두 남다른 호기심을 가진 사람들이었습니다. 그들은 "왜 이렇게 해야 하지?"라는 질문을 통해 기존의 틀을 깨고 새로운 가능성을 열었습니다.

호기심이 이끄는 혁신 사례

페니실린의 발견

알렉산더 플레밍은 실험실에서 우연히 곰팡이가 박테리아의 성장을 억제하는 현상을 발견했습니다. 다른 사람이라면 그냥 지나칠 수 있었지만, 그의 호기심은 항생제 발견으로 이어졌습니다.

코로나19 백신 개발

미지의 바이러스에 대한 과학자들의 끊임없는 질문과 호기심은 역사상 가장 빠른 백신 개발로 이어졌습니다. 특히 한국의 연구진들은 빠른 진단키트 개발에 중요한 역할을 했습니다.

전통 발효식품의 재발견

김치, 된장과 같은 한국 전통 발효식품에 대한 호기심 어린 연구는 프로바이오틱스, 항산화 성분 등 현대 과학으로 그 가치를 입증하며 새로운 건강식품 산업을 창출했습니다.

호기심 역량 키우기

5WHY 기법 활용하기
문제나 현상에 대해 '왜?'라는 질문을 다섯 번 연속해서 던져보세요. 표면적인 이해를 넘어 근본 원인과 더 깊은 통찰을 얻을 수 있습니다.

다양한 경험 추구하기
익숙한 환경을 벗어나 새로운 경험을 쌓으세요. 여행, 새로운 취미, 다른 문화권의 사람들과의 교류는 호기심을 자극하는 좋은 방법입니다.

질문 일기 쓰기
매일 하루를 마무리하며 오늘 들었던 궁금증이나 질문을 기록해보세요. 다음날 그 질문에 대한 답을 찾아보는 습관은 호기심 근육을 키우는 좋은 훈련이 됩니다.

연결(Connectivity)의 가치

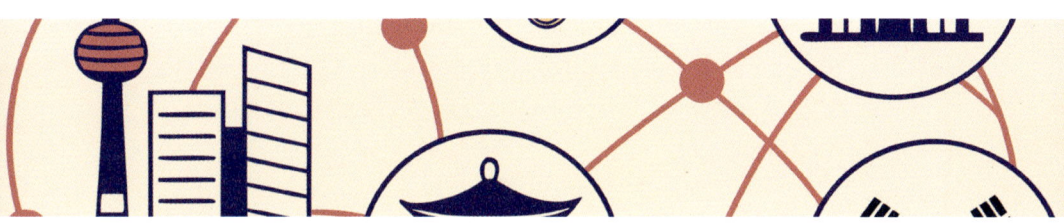

연결은 서로 다른 아이디어, 분야, 사람을 잇는 능력입니다. AI는 정해진 패턴 내에서 상관관계를 찾을 수 있지만, 전혀 다른 영역을 창의적으로 연결하는 능력은 인간만의 특별한 재능입니다.

스티브 잡스가 말했듯이, "창의성은 단지 점들을 연결하는 것입니다." 예술과 과학, 동양과 서양, 과거와 미래 같은 서로 다른 영역을 연결할 때 혁신이 탄생합니다.

연결 능력은 특히 복잡한 문제 해결에 중요합니다. 기후변화, 팬데믹과 같은 복합적 위기는 단일 분야의 지식만으로는 해결할 수 없으며, 여러 분야를 아우르는 통합적 사고가 필요합니다.

연결이 만든 혁신 사례

1. 애플의 아이폰
스티브 잡스는 전화기, 인터넷, 음악 플레이어라는 서로 다른 기술을 하나로 연결해 스마트폰 혁명을 일으켰습니다. 그는 기술과 인문학의 교차점에서 혁신이 일어난다고 믿었습니다.

2. K-컬처
한국의 문화 콘텐츠는 전통과 현대, 동양과 서양, 다양한 장르를 연결해 독특한 정체성을 만들어냈습니다. 방탄소년단(BTS)의 음악은 힙합, 전자음악, 한국 전통 요소, 깊은 메시지를 융합해 세계적 인기를 얻었습니다.

3. 의료 AI
삼성서울병원과 서울대병원 등 한국의 선도적 의료기관들은 의학과 AI 기술을 연결해 정밀 진단과 맞춤형 치료법을 개발하고 있습니다. 이러한 융합은 의료 혁신의 새로운 지평을 열고 있습니다.

이러한 혁신 사례들은 서로 다른 분야와 아이디어를 창의적으로 연결하는 능력이 얼마나 중요한지 보여줍니다.

연결 역량 키우기

학제간 학습하기
자신의 전문 분야 외에도 다른 학문을 학습해보세요. 예를 들어, 공학도라면 철학이나 예술을, 인문학도라면 과학이나 기술을 공부해보는 것이 좋습니다.

다양한 배경의 사람들과 교류하기
다른 문화, 직업, 세대의 사람들과 적극적으로 교류하세요. 다양한 관점은 새로운 연결점을 발견하는 데 큰 도움이 됩니다.

유추적 사고 훈련하기
"이것은 마치 ~와 같다"라는 방식으로 서로 다른 개념 간의 유사점을 찾는 연습을 해보세요. 이러한 유추적 사고는 창의적 연결의 기초가 됩니다.

인간 고유의 강점: 세 가지 C의 시너지

인간 고유의 강점

큐레이션, 호기심, 연결 능력은 서로 분리된 것이 아니라 상호 보완적인 관계입니다. 세 가지 능력이 함께 발휘될 때 진정한 시너지가 발생합니다.

큐레이션

가치 있는 정보를 선별하는 큐레이션 능력은 호기심을 더 효과적으로 발휘하게 합니다. 모든 것에 호기심을 갖기보다 의미 있는 질문에 집중할 수 있게 해줍니다.

연결

서로 다른 아이디어를 연결하는 능력은 다시 새로운 큐레이션의 관점을 제공합니다. 다양한 연결을 통해 더 풍부한 맥락에서 정보를 선별할 수 있게 됩니다.

호기심

끊임없는 질문과 탐구의 원동력인 호기심은 새로운 연결점을 발견하는 데 필수적입니다. 호기심이 없다면 기존의 틀을 벗어난 창의적 연결은 불가능합니다.

AI와 협력하는 미래

AI 시대의 성공 전략은 기계와의 경쟁이 아닌 협력에 있습니다. AI의 강점인 데이터 처리, 패턴 인식, 반복 작업 처리 능력과 인간의 큐레이션, 호기심, 연결 능력이 만날 때 가장 큰 가치가 창출됩니다.

체스의 세계에서는 이미 '센토어'(인간+AI 팀)가 단독 AI보다 더 나은 결과를 내는 것으로 입증되었습니다. 인간의 직관과 AI의 계산 능력이 결합할 때 최상의 의사결정이 가능합니다.

미래의 가장 성공적인 직업은 AI를 도구로 활용하면서도 인간만의 고유한 강점을 발휘하는 '증강 전문가(augmented professional)'가 될 것입니다.

AI와 협력하는 직업의 미래

증강 의사
AI가 방대한 의학 논문과 진단 데이터를 분석하는 동안, 의사는 환자와의 공감적 소통, 복잡한 의사결정, 윤리적 판단을 담당합니다. AI는 의사의 판단을 돕는 도구로 활용됩니다.

증강 교육자
AI가 개인화된 학습 콘텐츠와 진도 평가를 제공하는 동안, 교사는 학생의 동기 부여, 비판적 사고력 향상, 창의성 계발에 집중합니다. 교육의 본질인 '영감'은 여전히 인간의 영역입니다.

증강 창작자
AI가 기초 디자인이나 콘텐츠 초안을 생성하는 동안, 창작자는 독창적인 아이디어 제시, 문화적 맥락 이해, 감성적 표현에 집중합니다. AI는 창의성을 확장하는 새로운 도구가 됩니다.

이러한 증강 직업들은 AI와 인간의 협력을 통해 기존보다 더 높은 가치를 창출할 것입니다.

AI 시대의 교육 혁신

현재의 교육 시스템은 산업화 시대에 맞춰 설계되었으며, 지식 암기와 표준화된 시험에 중점을 두고 있습니다. 하지만 AI 시대에는 단순 암기보다 창의적 사고와 문제 해결 능력이 중요해집니다.

미래 교육은 '무엇을 아는가'보다 '무엇을 할 수 있는가'에 초점을 맞추게 될 것입니다. 지식 전달보다 큐레이션, 호기심, 연결 능력을 키우는 방향으로 변화해야 합니다.

핀란드, 싱가포르와 같은 교육 선진국에서는 이미 프로젝트 기반 학습, 학제간 교육, 창의적 문제 해결 중심의 교육 혁신이 진행되고 있습니다. 한국 교육도 이러한 방향으로의 전환이 필요합니다.

AI 시대를 위한 교육 방향

1 **프로젝트 기반 학습 (PBL)**
실제 문제를 해결하는 프로젝트를 통해 지식을 적용하고 협업하는 능력을 기릅니다. 문제 정의부터 해결책 도출까지 전 과정을 경험하며 통합적 사고력을 키웁니다.

2 **학제간 교육**
과학, 예술, 인문학, 기술 등 다양한 학문 분야를 연결하는 통합 교육을 통해 창의적 연결 능력을 향상시킵니다. STEAM 교육이 좋은 예입니다.

3 **메타인지 훈련**
자신의 사고 과정을 인식하고 조절하는 '생각하는 법에 대한 생각'을 훈련합니다. 이는 평생 학습자로서 지속적으로 성장하는 데 필수적인 능력입니다.

4 **디지털 리터러시와 AI 활용 교육**
AI 도구를 효과적으로 활용하고, 디지털 정보를 비판적으로 평가하는 능력을 기릅니다. AI와 협력하는 방법을 배우는 것은 미래 직업 준비에 필수적입니다.

AI 시대의 기업 혁신

AI 시대에 기업의 경쟁력은 단순한 효율성이 아닌, 창의성과 혁신에서 비롯됩니다. 기업들은 직원들의 큐레이션, 호기심, 연결 능력을 극대화할 수 있는 조직 문화와 시스템을 구축해야 합니다.

구글의 '20% 타임', 3M의 '15% 룰'과 같은 정책은 직원들의 호기심을 장려하고 새로운 아이디어를 탐색할 시간을 제공합니다. 이러한 정책은 지메일, 포스트잇과 같은 혁신적 제품 탄생으로 이어졌습니다.

또한 다양한 배경과 전문성을 가진 인재들이 협력할 수 있는 크로스 펑셔널 팀 구성과 부서 간 경계를 허무는 조직 구조가 중요합니다.

혁신적인 기업 문화 사례

네이버
네이버의 '커넥트 원(Connect One)' 캠퍼스는 다양한 직군과 프로젝트 팀이 자유롭게 소통하고 협업할 수 있는 공간으로 설계되었습니다. 우연한 만남과 대화를 통한 창의적 연결을 장려합니다.

삼성전자
삼성전자의 'C랩(C-Lab)'은 직원들의 창의적인 아이디어를 발굴하고 사업화하는 사내 벤처 프로그램입니다. 실패를 두려워하지 않는 도전 정신과 호기심을 장려합니다.

현대자동차
현대자동차의 '오픈 이노베이션 센터'는 자동차, IT, 에너지 등 다양한 분야의 전문가들이 모여 미래 모빌리티 솔루션을 개발합니다. 서로 다른 분야의 연결을 통한 혁신을 추구합니다.

이러한 기업들은 AI 기술을 적극 도입하면서도, 인간 고유의 창의성과 혁신 능력을 키우는 문화를 조성하고 있습니다.

개인의 AI 시대 준비 전략

자기 이해
자신만의 강점, 열정, 가치관을 명확히 이해하세요. AI와 차별화되는 자신만의 독특한 강점을 발견하는 것이 첫 단계입니다.

AI 리터러시 향상
AI 도구의 기본 원리를 이해하고 적극적으로 활용해 보세요. ChatGPT, Midjourney와 같은 도구를 직접 경험하며 AI의 가능성과 한계를 파악하세요.

 인간 고유 역량 개발
큐레이션, 호기심, 연결 능력을 의식적으로 훈련하세요. 다양한 분야의 지식을 습득하고, 끊임없이 질문하며, 서로 다른 아이디어를 연결해보세요.

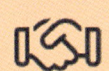 네트워크 구축
다양한 배경과 전문성을 가진 사람들과의 네트워크를 형성하세요. 인간 관계와 협업의 가치는 AI 시대에 더욱 중요해집니다.

평생 학습자 되기
특정 기술이 아닌, 학습하는 방법 자체를 마스터하세요. 변화에 적응하고 지속적으로 성장하는 평생 학습자의 마인드셋이 중요합니다.

AI 시대의 심리적 웰빙

AI의 빠른 발전은 많은 사람들에게 불안감과 스트레스를 유발합니다. 기술 변화의 속도를 따라잡지 못하는 '테크노 스트레스'와 자신의 가치에 대한 의문이 증가하고 있습니다.

그러나 AI 시대의 심리적 웰빙은 기계와의 경쟁이 아닌, 인간 본연의 가치를 재발견하는 데서 시작됩니다. 우리는 생산성이나 효율성만으로 가치를 평가받는 존재가 아닙니다.

인간은 공감하고, 창조하고, 의미를 찾는 존재입니다. AI 시대에도 변하지 않는 이러한 본질적 가치를 인식하고 소중히 여기는 것이 심리적 웰빙의 핵심입니다.

AI 시대의 심리적 웰빙을 위한 실천법

디지털 디톡스 시간 확보
하루 중 일정 시간은 디지털 기기와 AI 도구에서 벗어나 자연, 예술, 명상, 대화와 같은 아날로그 경험에 집중하세요. 이는 창의성과 정신 건강에 필수적입니다.

내면의 목소리 경청하기
외부의 정보와 타인의 의견에만 의존하지 말고, 자신의 직관과 가치관에 귀 기울이는 시간을 가지세요. 저널링이나 명상이 도움이 될 수 있습니다.

의미 있는 관계 구축하기
가족, 친구, 동료와의 깊고 의미 있는 관계를 형성하고 유지하세요. 진정한 인간관계는 AI가 제공할 수 없는 소속감과 정서적 안정을 제공합니다.

성장 마인드셋 유지하기
실패와 도전을 성장의 기회로 바라보는 마인드셋을 키우세요. AI 시대의 빠른 변화 속에서도 유연하게 적응하고 배우는 자세가 중요합니다.

AI 윤리와 인간 가치

AI 기술이 발전할수록 윤리적 문제도 증가합니다. 개인정보 보호, 알고리즘 편향성, 자동화로 인한 일자리 감소 등 다양한 사회적 이슈가 대두되고 있습니다.

AI 윤리는 기술자들만의 문제가 아닙니다. 모든 시민이 AI 기술의 사회적 영향에 대해 이해하고, 윤리적 가이드라인 수립에 참여해야 합니다.

특히 중요한 것은 AI 개발과 활용의 중심에 인간 가치를 두는 것입니다. 기술은 인간의 존엄성, 자율성, 다양성, 공정성과 같은 가치를 증진하는 방향으로 발전해야 합니다.

Korean Ethnicistics, Tech Dounderrs./agees and developer ţaes out tond are rounuŕdle bie AI ethics

인간 중심 AI의 원칙

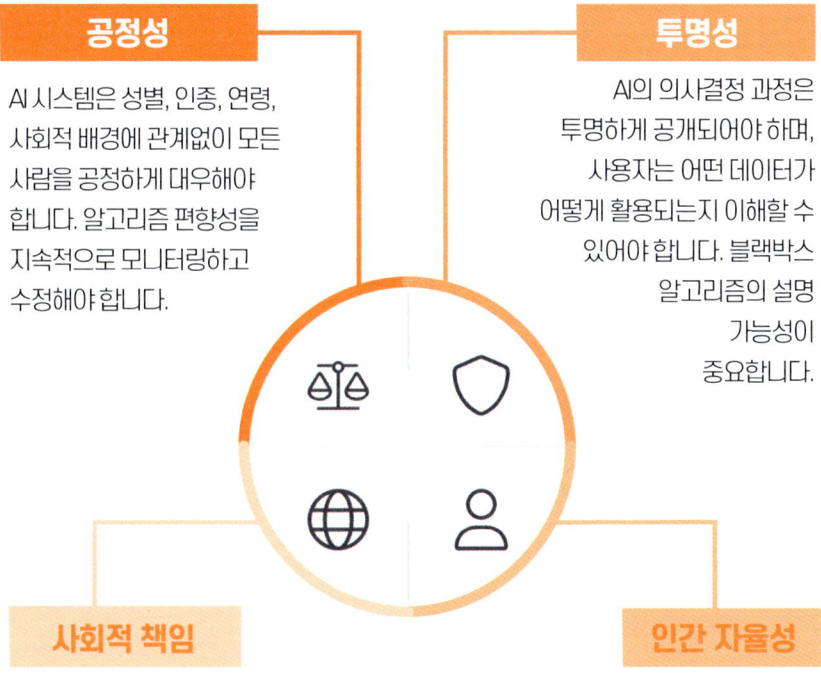

공정성

AI 시스템은 성별, 인종, 연령, 사회적 배경에 관계없이 모든 사람을 공정하게 대우해야 합니다. 알고리즘 편향성을 지속적으로 모니터링하고 수정해야 합니다.

투명성

AI의 의사결정 과정은 투명하게 공개되어야 하며, 사용자는 어떤 데이터가 어떻게 활용되는지 이해할 수 있어야 합니다. 블랙박스 알고리즘의 설명 가능성이 중요합니다.

사회적 책임

AI 개발은 단기적 이익이 아닌 장기적인 사회적 영향을 고려해야 합니다. 환경, 일자리, 사회적 불평등에 미치는 영향을 책임 있게 관리해야 합니다.

인간 자율성

AI는 인간의 자율성과 의사결정 능력을 대체하기보다 증진시켜야 합니다. 최종 결정권과 통제권은 항상 인간에게 있어야 합니다.

이러한 원칙들은 AI가 인간의 삶을 풍요롭게 하는 도구로 발전하기 위한 필수 조건입니다.

AI 시대의 기회: 사회문제 해결

AI는 단순히 효율성을 높이는 도구를 넘어, 인류의 난제를 해결할 수 있는 강력한 수단이 될 수 있습니다. 인간의 창의성과 AI의 계산 능력이 결합할 때, 이전에는 불가능했던 사회문제 해결이 가능해집니다.

특히 한국이 직면한 저출산, 고령화, 환경 문제, 사회적 불평등과 같은 복합적 문제는 AI와 인간의 협력적 접근을 통해 새로운 돌파구를 찾을 수 있습니다.

AI 시대는 위협만이 아닌 기회입니다. 인간 고유의 창의성과 공감 능력을 바탕으로 AI를 현명하게 활용한다면, 더 지속 가능하고 공정한 사회를 만들 수 있습니다.

AI를 활용한 사회문제 해결 사례

고령화 사회 대응

서울대병원의 'AI 케어 시스템'은 독거노인의 건강 상태를 원격으로 모니터링하고, 응급 상황을 감지해 신속하게 대응합니다. AI 챗봇은 노인들의 외로움을 덜어주는 대화 파트너 역할도 합니다.

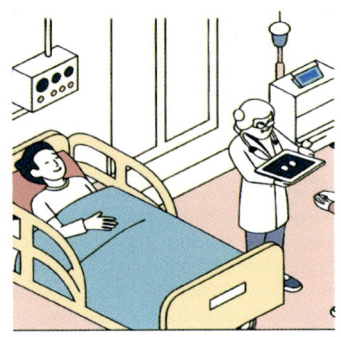

환경 문제 해결

한국환경공단은 AI 기반 미세먼지 예측 시스템을 통해 오염원을 정확히 파악하고 효과적인 대응책을 마련합니다. 시민들에게 실시간 대기질 정보와 맞춤형 행동 지침을 제공합니다.

교육 격차 해소

교육부의 'AI 튜터' 프로그램은 지역이나 경제적 여건에 관계없이 모든 학생들이 개인화된 학습 경험을 가질 수 있도록 지원합니다. 학습 데이터 분석을 통해 맞춤형 교육 콘텐츠를 제공합니다.

AI 시대의 정책적 방향

디지털 포용성 확대
모든 시민이 AI 기술의 혜택을 누릴 수 있도록 디지털 접근성을 보장하고, 디지털 리터러시 교육을 확대해야 합니다. 특히 고령층, 저소득층, 장애인 등 디지털 취약계층을 위한 정책이 중요합니다.

평생 학습 지원 체계 구축
급변하는 기술 환경에 적응할 수 있도록 모든 연령대와 직업군을 위한 재교육, 직업 전환 프로그램을 강화해야 합니다. 교육은 학교에서 끝나는 것이 아닌 평생 지속되는 과정이 되어야 합니다.

사회안전망 강화
자동화로 인한 일자리 변화에 대비해 기본소득, 실업 보험 확대 등 새로운 형태의 사회안전망을 고려해야 합니다. 기술 발전의 혜택이 사회 전체에 골고루 분배되어야 합니다.

AI 시대의 리더십

AI 시대의 리더십은 기존과 다른 역량을 요구합니다. 불확실성과 복잡성이 증가하는 환경에서, 리더는 명확한 답을 제시하기보다 올바른 질문을 던지고 팀의 집단 지성을 끌어내는 역할을 해야 합니다.

효과적인 리더는 기술적 지식뿐만 아니라 인간적 통찰력을 갖추어야 합니다. 데이터에 기반한 의사결정과 인간적 직관 사이의 균형을 유지하는 것이 중요합니다.

또한 다양성을 포용하고, 서로 다른 아이디어와 관점을 연결하는 능력이 필수적입니다. AI 시대의 리더는 큐레이터, 촉진자, 연결자로서의 역할이 강조됩니다.

AI 시대 리더의 핵심 역량

💡 적응적 사고

빠르게 변화하는 환경에서 기존 패러다임을 넘어 유연하게 사고하고, 불확실성 속에서도 방향을 제시할 수 있는 능력입니다. 답을 제시하기보다 질문을 통해 팀의 사고를 확장합니다.

♡ 감성 지능

자신과 타인의 감정을 이해하고 효과적으로 관리하는 능력입니다. AI가 발달할수록 공감, 동기 부여, 갈등 해결과 같은 인간적 요소의 중요성이 더욱 커집니다.

🤝 협력적 리더십

다양한 배경과 전문성을 가진 팀원들의 잠재력을 끌어내고, 집단 지성을 활용하는 능력입니다. 수직적 통제보다 수평적 협력을 중시합니다.

🧭 윤리적 판단력

AI 활용에 있어 윤리적 딜레마를 인식하고, 사회적 책임을 고려한 의사결정을 내리는 능력입니다. 단기적 이익과 장기적 영향 사이의 균형을 맞춥니다.

개인 성공 사례: AI와 함께 성장하기

김민수 - AI 활용 작가

15년 경력의 소설가 김민수는 처음에는 AI 글쓰기 도구를 위협으로 여겼습니다. 하지만 AI를 아이디어 발상과 문장 구조 개선을 위한 도구로 활용하기 시작하면서, 창작의 새로운 가능성을 발견했습니다. 그는 이제 월 2권의 소설을 출간하며, 독자들에게 더 다양한 이야기를 전달하고 있습니다.

박지영 - 디지털 헬스케어 창업가

간호사 출신 박지영은 환자 케어 과정에서 느낀 문제점을 해결하기 위해 AI 기반 건강관리 앱을 개발했습니다. 그녀는 의료 전문성(큐레이션)과 환자들의 필요(호기심)를 기술과 연결해 혁신적인 솔루션을 만들었습니다. 현재 그녀의 스타트업은 100만 명 이상의 사용자를 보유한 유니콘 기업으로 성장했습니다.

AI 시대 직업 전환 성공 전략

자기 진단
현재 직업에서 AI 대체 가능성이 높은 업무와 인간 고유의 가치를 더하는 업무를 구분해보세요. 자신만의 강점과 열정이 무엇인지 명확히 파악하는 것이 중요합니다.

전환 가능한 스킬 발견
현재 보유한 스킬 중에서 다른 분야로 전환 가능한 '이전 가능한 스킬'을 찾으세요. 예를 들어, 분석력, 의사소통 능력, 프로젝트 관리 능력은 여러 분야에서 활용할 수 있습니다.

관련 분야 탐색
현재 전문성과 연결되면서도 AI 시대에 성장 가능성이 높은 인접 분야를 탐색하세요. 완전히 새로운 분야보다 기존 지식을 활용할 수 있는 영역으로의 전환이 효과적입니다.

점진적 전환
한 번에 모든 것을 바꾸려 하지 마세요. 부업, 프리랜서 프로젝트, 자원봉사 등을 통해 새로운 분야를 경험하면서 점진적으로 전환하는 것이 리스크를 줄이는 방법입니다.

지속적인 학습과 네트워킹
온라인 강의, 워크숍, 커뮤니티 활동을 통해 새로운 분야의 지식과 네트워크를 쌓으세요. 실제 현장에서 활동하는 전문가들과의 연결은 전환 과정에서 큰 도움이 됩니다.

AI 시대 부모의 역할

디지털 네이티브 세대의 아이들은 AI와 함께 성장하고 있습니다. 부모로서 자녀가 AI 시대에 필요한 역량을 갖추도록 어떻게 도울 수 있을까요?

무엇보다 중요한 것은 기술 사용의 '균형'입니다. 디지털 기기와 AI 도구를 활용하되, 실제 세계 경험, 인간 관계, 자연과의 교감 등 아날로그 경험의 가치를 함께 가르쳐야 합니다.

또한 비판적 사고력을 기르는 것이 중요합니다. AI가 제공하는 정보를 그대로 수용하지 않고, "왜?"라고 질문하며 스스로 판단하는 능력을 길러주세요.

자녀의 AI 시대 준비를 위한 조언

독서 습관 기르기
디지털 콘텐츠만으로는 깊이 있는 사고력을 기르기 어렵습니다. 다양한 장르의 책을 읽히고, 내용에 대해 함께 토론하면서 비판적 사고력과 상상력을 키워주세요.

창의적 놀이 장려하기
정답이 없는 창의적 놀이는 문제 해결 능력과 독창성을 키웁니다. 레고, 그림 그리기, 역할놀이 등 자유롭게 상상력을 발휘할 수 있는 활동을 장려하세요.

자연과 교감하기
디지털 세계에서 벗어나 자연을 탐색하고 경험하는 시간은 호기심과 관찰력을 키웁니다. 주말 하이킹, 텃밭 가꾸기, 별자리 관찰 등의 활동을 함께 해보세요.

기술의 현명한 활용 가르치기
기술을 무조건 제한하기보다, 어떻게 현명하게 활용할 수 있는지 가르치세요. AI 도구를 함께 탐색하면서 그 가능성과 한계에 대해 이야기 나누세요.

AI 시대, 우리의 선택

AI 기술의 발전은 필연적이지만, 그것이 우리 사회와 삶에 어떤 영향을 미칠지는 우리의 선택에 달려 있습니다. 우리는 지금 중요한 갈림길에 서 있습니다.

한쪽은 AI가 인간을 대체하고 불평등이 심화되는 디스토피아의 길이고, 다른 한쪽은 AI와 인간이 서로의 강점을 보완하며 더 나은 세상을 만드는 희망의 길입니다.

기술 자체는 중립적입니다. 어떻게 개발하고, 규제하고, 활용할 것인지는 우리 사회의 집단적 선택과 노력에 달려 있습니다. 우리 모두가 AI 시대의 주체적 시민으로서 이 중요한 논의에 참여해야 합니다.

함께 만드는 AI 시대

3C
인간 고유의 강점
큐레이션(Curation), 호기심(Curiosity), 연결(Connectivity)은 AI 시대에 인간만이 가진 강력한 경쟁력입니다.

100%
모두를 위한 AI
AI 기술의 혜택이 일부가 아닌 모든 사회 구성원에게 공정하게 분배되어야 합니다.

∞
무한한 가능성
AI와 인간의 협력은 우리가 상상하지 못했던 문제 해결과 창의적 혁신을 가능하게 합니다.

AI 시대의 불안감은 자연스러운 감정입니다. 하지만 두려움에 머물기보다, 인간 고유의 강점을 발견하고 키우며 AI와 함께 더 나은 미래를 만들어 나가는 희망의 여정에 함께 하시길 바랍니다.

우리 모두가 AI의 대상이 아닌 주체가 될 때, 진정한 AI 시대의 가능성이 열릴 것입니다. 감사합니다.

AI Korea Renaissance: Rethinking Humanity in the Age of AI

Korea is entering the AI Renaissance, where cutting-edge technology meets human values. Like the cultural Renaissance that reshaped Europe, the AI Korea Renaissance redefines civilization by blending innovation, ethics, and culture.

LEE KEUN JAE : NSSAM. AI

NSSAM: Pioneering Human-Centered AI Innovation

As a pioneer in AI-driven legal and digital innovation, NSSAM leads this movement with a unique approach that goes beyond technology for technology's sake.

Creative Innovation
Advancing beyond technology for technology's sake, focusing on meaningful progress that serves humanity.

Human-Centered Philosophy
Ensuring dignity, empathy, and fairness remain at the core of all AI development and implementation.

Cultural Identity
Integrating Eastern wisdom with modern AI, creating a unique Korean approach to technological advancement.

Preparing Every Generation for AI Transformation

AI is not just a technological shift-it's a societal transformation that requires different approaches for each generation while maintaining universal human values.

1 **Gen Z & Alpha**
Grow creativity and critical thinking beyond digital familiarity. Focus on developing uniquely human skills that complement AI capabilities.

2 **Millennials**
Adapt through continuous learning and new skillsets. Bridge the gap between traditional work methods and AI-enhanced productivity.

3 **Gen X & Boomers**
Apply wisdom and experience while embracing new tools. Contribute valuable perspective on human judgment and ethical decision-making.

Across all generations, digital literacy, ethical judgment, and empathy are essential for thriving in the AI era.

Philosophical Foundations: East Meets West

From Plato to Kant, from Confucius to Heidegger, philosophers challenge us to examine the deeper implications of artificial intelligence on human existence.

Critical Questions

- Can AI ever possess wisdom or morality?
- Where is the boundary between human consciousness and machine intelligence?
- How can technology serve humanity without reducing it to mere data?

Eastern philosophy emphasizes harmony and coexistence, while Western thought highlights human agency-together shaping a balanced AI future that honors both innovation and wisdom.

- "The challenge of AI is not technical skill but redefining human identity and purpose." - Byung-Chul Han

Leadership for Human-AI Coexistence

The vision of the AI Korea Renaissance offers the world a new model: a future where technology and humanity grow together, guided by Korean values of Jeong(empathy) and Jung-Yong(balance).

Value-Centered Innovation
Technology that upholds dignity and fairness above efficiency alone.

AI-Augmented Humanity
Collaboration between humans and AI, not replacement of human capabilities.

Inclusive Governance
Fair distribution of AI benefits across all communities and generations.

The question is not what AI can do-but what humanity chooses to become.

에필로그

존경하는 독자 여러분,

오늘 우리가 함께 여는 이 책, '시대별 철학자 관점으로 AI시대 인간을 다시 사유하다'는 단순한 출간을 넘어 인류 사유의 새로운 장을 시작하는 의미 있는 걸음입니다. AI 기술이 인간의 삶을 재정의하는 시대에, 우리는 과거의 철학자들이 남긴 통찰을 오늘날의 질문에 투영하며 인간과 기술의 공존 가능성을 탐구했습니다.

플라톤의 이데아론에서 니체의 의지 철학까지, 각 시대의 사유는 AI 시대의 복잡한 문제들을 비추는 거울이자 다림줄입니다. 이 책이 단순한 지식을 전달하는 것이 아니라, 독자 여러분의 사고를 자극하고 미래 지향적 대화를 촉발하는 계기가 되길 바랍니다.

총괄 디렉터로서, 이 프로젝트가 학문적 깊이와 실용성을 동시에 잡은 사상적 다리가 되길 꿈꾸며, 여러분의 열정적 참여와 성찰에 깊은 감사를 드립니다.

함께, 인간의 가능성을 넓혀가는 여정을 이어가겠습니다.

총괄 디렉터 **황병준**
영락회 회장
한국군사학회 상임이사
서초 CEO 아카데미 회장

시대별 철학자 관점으로
AI 시대 인간을 다시 사유하다

초판 1쇄 인쇄 2025년 9월 25일
초판 1쇄 발행 2025년 9월 30일

지은이 이근재
총괄 디렉터 황병준
펴낸이 이구만

펴낸곳 유원북스
04091 서울특별시 마포구 토정로 222, 416호
(신수동, 한국출판콘텐츠센터)
Tel (02)593-1800 Fax (02)6455-1809
출판등록 2011.9.6. 제25100-2012-3호
www.uwonbooks.com uwbooks@daum.net

편 집 전충영
조 판 남동우
표 지 박민정

ISBN 979-11-6288-230-6 (03190)
정 가 18,000원